THE
ART
OF
BEING
HAPPILY
SINGLE

原書名：趁著單身，去做那些事兒

那些單身必須知道的事

快樂單身×智慧戀愛

郃敏 Tammy Tai 著

編輯序

Editor's Preface

妳還單身？太好了！

在還沒有讀這本之前，郘敏給我的印象是一個擁有很多光環的美麗女子：選美小姐、言情天后、新銳導演……可是這些在我看來，不過又是一場虛無寂寞的炒作。

我一直覺得一個沒有時間閱歷，尤其是處在上流社會和娛樂圈裡的女孩是寫不出怎樣動人的文字的，至多，也不過是故作多愁善感和言情劇式的無病呻吟。

可是，我錯了。在她的文字裡我看到了這個女孩獨立善良的一面，更看到了她與眾不同的一面。如果不是一場失敗的戀愛逼得她獨自行走天涯，想必她現在還處在甜蜜的生活中「不能自拔」，又怎會意外地發現更美的天空和世界？又怎會知道在愛情之中除了戀人還有長時間被忽略的自己呢？

其實有時候，處在戀愛陷阱中的女人最缺乏的也是最應該做的，就是——勇敢邁出單身的第一步！

以愛為生？靠愛為生？No！

既然，人一生的單身時間十分短暫，為何還讓自己在一場充滿痛苦、眼淚與傷害的感情中苦苦哀求呢？

現實中，我的很多女性朋友也如郤敏筆下的朋友一樣面對著各式各樣的極品男人，也如書中的女子一樣成為了愛情中的奴僕不斷承受著「最愛的人」給予的傷害。她們能做的，無非是不斷固執地問自己，「為什麼他不能愛我呢？」為什麼他不能愛妳呢？這不是很顯然的道理嗎？那是因為妳不夠愛自己啊！妳連自己都不愛，又怎麼能承受別人的愛呢？妳自己都不快樂，又怎能讓妳的另一半快樂？所以，趕快離開妳不快樂的戀愛關係吧！妳現在能做的就是——學會讓自己快樂！

像郤敏一樣，一台電腦、一件行李箱開始妳的旅行吧！妳可以在單身的時候好好愛自己，可以在單身的時候去學習更多的知識，可以在單身的時候看遍各種風景，可以在單身的時候去約會各樣的優質男人，可以在單身的時候做妳曾經奢望卻一直不敢實踐的任何事情……只要妳足夠勇敢，妳就會變得和以前截然不同，妳會發現到自己以前不曾察覺的優點，而且，妳還會尋找到快樂的根源。

快樂單身，智慧戀愛！在愛情中，永遠不要相信一段沒有承諾的關係，也永遠不要放任迅速而親密關係的發生。愛自己，先要從愛自己的身體開始，直到愛自己的靈魂。如果，一個人不夠愛自己，那麼，對對方付出的所謂愛也只能變成他的負擔，這難道就是妳想要的結果嗎？

如果，妳還在一段沒有結果的感情中苦苦周旋、苦苦哀求。如果，妳還在一

個壞男人面前「搖尾乞憐」般「守護」妳所謂的愛情。如果，妳還在「錯的人」身邊表達真愛。如果，妳還不夠勇敢選擇離開……那麼看看郃敏這本書，那些錯的感情、錯的人就「Let it go（隨它去吧）」！

最美麗的女子，首先是要快樂的，一如郃敏一樣。

最迷人的女子，還要是勇敢的，一如郃敏一樣。

最聰明的女子，更要是智慧的，一如郃敏一樣。

趁著單身，去做那些必須做的事，妳會很快樂！因為那時妳心中滿滿都是愛，不僅給自己，還給那個「對的」他。

自序

Author's Preface

我的故事，從一場失敗的愛情開始

上一次拿到出版社寄給我的新書，是在二〇〇九年。

三年之後，二〇一二年五月，《那些單身必須知道的事》終於進入上市的倒數計時。

過去的三年，我從一個熱戀的待嫁女回歸單身。

二〇一二就要來了，做點什麼呢？與其兩個人不快樂，那倒不如研究如何快樂做單身好了，從此，拖著一個紅色旅行箱去旅行……

那麼多精彩的照片：

一個人去拉斯維加斯「Hangover」七天七夜；在加拿大和警察「鬥智」；清晨五點在西雅圖的漁人碼頭；冬天去夏威夷曬太陽看鯨魚；生日時候在法國小城許願；瑞士的Tiffany豪客；泰國勇敢地「鴨店1」歷險記；新加坡終於見到了Lim.七年以後，我們再次相見；馬來西亞傷心的髮型冠軍；洛杉磯的四季酒店art之夜和車裡的一群舞蹈家……

我不會忘記，向來懼高的自己如何完成在長島的第一次高空跳傘，在千米的高空直垂下墜然後停住，藍天白雲，世界突然暫停——被「消音」的感覺，那一秒鐘，我沒有尖叫，只是在空中冷靜的對我的教練真誠致謝：Sir ,I feel great，

註1　鴨店：這裡說的是「牛郎店」的意思。

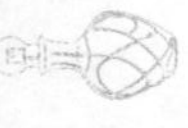

thank you.（先生，我覺得太完美了，謝謝您。）

我不會忘記自己如何按部就班地去辦貸款，去新澤西看海邊的房子，自己給自己一個在家時候的鎮定和滿足。

多數時候都在紐約。

我不會忘記排名世界第一名的好男房東 Jack 和剛剛懷孕的好鄰居 Julie，永遠不眠的紐約城，各種稀奇古怪的朋友和過客，和那本已經被我翻爛的 ZAGAT 書。

……

那些精彩美好的瞬間，我覺得足夠寫另外一本三百頁的書。

這些日子，我是快樂的。我非常快樂。

How to be single? 如何做單身？我一直想寫這樣一本書，想和妳們分享，除了認真的愛一個人，沉浸在一段關係之中，其實還有另外一種生活方式：妳單身，但妳愛這個世界愛妳自己。妳快樂，因為這個世界，真的是太有趣太美好了。

我的單身故事，是一本精彩的全球歷險大全。那裡顧得上傷心？忙死了！一口氣瘋了兩年之後，照舊的努力工作，一次交給出版社三本書。買了攝影機器開始拍「微電影」，用心的學習視頻言語和剪輯。坐在電影公司角落默默低頭編故事……趁著單身，去做那些我真正想去做的事情，自由快樂專注。

忙得滿面通紅閃閃發光，就被TA發現了——別覺得單身一定是孤獨終老，真實版本是對方常擔心「單身女王」沒有時間和他約會。快樂單身，智慧戀愛。不要再犯「愛情就是一切」這種基本女性錯誤，該做什麼做什麼，但頭條工作永遠是：別委屈自己，讓自己快樂。

目前的「好先生」到下個月已經認識約會一年，按理說荷爾蒙六個月週期早過，他卻經常突然半夜緊緊擁抱我，說，「不要離開我。我想和妳在一起，永遠。」並每日贈給我一堆各式讚美。偶爾回想前男友的名言「妳除了做飯之外什麼都不會」——簡直是隔世般。

當妳懂得做一個快樂的人，不管在人生的哪個階段，當妳不把妳自己的人生搭建在愛情或伴侶之上，當妳懂得漫長人生，妳是妳自己最好的依賴最好的朋友時：親愛的讀者，我就一點也不再為妳擔心了。

風和日麗，我們賞雲賞月，萬一出個問題下個小雨淅淅瀝瀝真心煩——咱搞得定！即使搞不定也沒關係，它總要下完的，按姜老師[2]的話來說，讓子彈飛會！太陽照常升起！

註2　姜老師：姜文。

給爸媽的一封信

Letter to Parents

親愛的爸爸和媽媽

請你們原諒我的自私。

我不打算為了你們的期待和傳宗接代結婚，我只打算為了自己的快樂結婚。

朋友的父親在六十大壽的時候拒絕舉辦壽宴，因為我朋友依舊單身，他的父親覺得自己的工作沒有做完，沒有資格慶祝。

大多數東方人被教育要在合適的年紀成家立業，努力工作，養育下一代，甚至下下一代。

我對盡職盡責無悔奉獻的老一輩致以最高敬意，但世界是圓的，科技、交通、傳媒的飛速進步，讓我們看到了在世界的那一頭，還有一種生活模式。

他們結婚，是因為享受彼此的陪伴，決定終生相愛；他們的孩子是意外的驚喜、愛情的結晶，而不是結婚的目的，養育子女也不是他們人生的頭條任務。

和孩子的相處模式，也有所不同。

東方血濃於水，一切包辦，但也要求下一代與上一代保持緊密的關係，普羅大眾都認為孩子是自己的財產，某些家庭甚至把孩子當成一種投資，孩子按照

上一輩的意願生活，負責父母的老年生活等等。

西方客氣禮貌，家長會和孩子建立朋友關係，而非附屬和擁有。孩子成年之後離開家庭，父母不會負責幫孩子買房子找工作，也不期待自己老年能和孩子住在一起，接受孩子的回報和照顧，除了是孩子的父母，他們更重視的是自己。

現代的年輕人，已經揹了上一輩的債務，上一輩已經把太多的愛、希望、責任和義務放在我們身上，如果對他們大吼「我是我自己，我不屬於你，我要過我自己的人生」似乎又太殘忍了。這樣不孝的事情，我做過，出身於一個傳統家庭，十五歲就叛逆的在房間裡辯論，「我是一個獨立生命！」

我知道，二十多年來你們對我的關心和照顧，大概一本書也寫不完，你們把所有的一切都給了我，辛苦多年的全部積蓄拿來讓我出國讀書或者買房子。在這個世界上，一定沒有人比你們更愛我。

當我還是個孩子的時候，我曾經決定不要生孩子。

想到生下一個人，之後把一切都給他，像你們一樣，聽起來就像個惡夢——我絕不會為任何人這樣做。我是誰？我的人生在哪裡？

我有個朋友，他的父母是相親結婚，母親婚前只見過父親一次，不到三十

歲已經生了兩個孩子，沒精力注意外表，甚至沒有看過一次電影，錢全部存起來，享受生活在她看來，根本就是腐敗、罪惡。生活，就是工作、吃飯、輔導孩子寫作業，以上循環。三十年轉瞬即過，她的一生也就這麼過去了，從黑白照片上的辮子女孩，變成了現實生活中有著深深皺紋的老太太。

我常常會想，這一生之中，到底哪一天，她是為自己活著的？

我不相信有來生，所以在短短的一生中，我想盡可能去感受一切，約會、戀愛，即使失敗，也是上天給我的禮物，讓我成長。

我勇敢追求欲望，去哪裡，吃了什麼，看了什麼電影，去什麼地方旅行，我不再愛上一個人就覺得他是我的一切，因為，世界上還有很多美好的東西，沒有他，我也可以活得很好。

我甚至不會結婚，如果找不到那個讓我更快樂的人。和一個並不深愛的人日夜相對，我寧可選擇快樂單身。我並不孤單，我有你們，我有朋友，我有這個美麗的世界。

對不起，媽媽，我不想像妳一樣把一生都給了爸爸和我，我想做那些讓我快樂的事情。

你們放心，我會努力工作存錢，照顧自己，如果我老了，還有養老院。

當然，我願意成為一個母親，我不希望我錯過這段感情，我希望擁有孩子，享受擁抱孩子的快樂，我會做好我該做的事情，教育孩子，養育孩子，在適當的時候放手讓他們走，之後我也繼續我的人生。

對我來說，孩子是人生的禮物，不是人生的目的，我不會為了孩子組建家庭並改寫我的人生軌道；同時，我也向您鄭重承諾，如果遇到那個讓我笑的人，我會緊緊抓住他，不用等他買戒指，我就會向他求婚的。

在此之前，我打算快樂單身下去。

媽媽，您也見過各種感情狀態的我，您覺得哪一種的我更快樂？為了感情悲傷苦悶的落淚者，還是快樂活潑的單身女？

您希望我快樂，不是嗎？

愛你們的女兒

Contents 目錄

序

如何單身

合法化、專業化、溫馨化、安全化、普及化、科技化，誠信全方位服務概念的優質單身中心，榮獲單身社團全國唯一 ISO9001 認證，服務流程優質。

享受妳的單身生活

誰說一定要有個伴？
一加一不一定大於或等於二，我們自己一個人也能過得很好。

Contents 目錄

世界上有三個最大的祕密：
一，外貌是一把萬能鑰匙。
二，沒有醜女人，只有懶女人。
三，一定會瘦的減肥秘笈。

chapter four
第四章

約會達人，變身！

親愛的，請不要再猶豫：我們玩個遊戲，叫DATE。

chapter five
第五章

十種妳應該馬上甩掉的錯誤先生

有十種類型的男人，我稱之為「錯誤先生」。如果妳的他是錯誤先生，趕快離開吧。

Contents 目錄

結婚前的那些關係

死會可以活標，結婚可以離婚。
在妳沒有真的確定之前，所有妳以為有關係的關係其實都沒有關係。

愛情客戶服務條款

沒有這種東西。
沒有客戶服務電話，沒有七天鑑賞期，沒有退換貨。
妳該做的，就是張大妳的眼睛——或者緊緊閉上。

Contents
目錄

男人，來者不拒

根據調查統計，人類男性的發情期每年約為四次，每次約持續三個月。

chapter nine
第九章

我找到了好男人！

女人都冀盼好男人：一心一意天天寵愛永遠不減，從晨曦到夜晚給予快樂和能依靠的一雙臂彎。

HOW TO BE SINGLE

如何單身

合法化、專業化、溫馨化、安全化、普及化、科技化，誠信全方位服務概念的優質單身中心，榮獲單身社團全國唯一 ISO9001 認證，服務流程優質。

1 單身不可怕，可怕的是畜生

妳困死在一段壞死腐爛的關係裡，妳不再微笑，他不再覺得妳珍貴美好，你們價值觀性格衝突不斷，妳失去了尊嚴和價值，妳不再覺得人生美好……

不快樂的在一起，然後不快樂的結婚，這才是最可怕的事情。

繼續這段戀情，還是恢復單身？

二十八歲的艾咪面臨著人生中最大的一個選擇題。

他們認識兩年，曾經是互相依賴信任的好朋友，艾咪與前任男友分手後，兩個人突然產生火花，之後一發不可收拾。分居兩地，除了上班時間都在網路聊天、電話熱線，週末就搭著飛機飛越幾千公里去約會。

一切都看起來完美極了，浪漫的求婚和漂亮的鑽戒，讓這段感情畫上了一個完整的句號。於是艾咪辭去工作，搬去了男方所在的城市，開始了自己家庭煮婦的生活……

直到未婚夫出軌，鐵證如山，擺在眼前。

分手嗎？艾咪年紀已經不小，風光地辦了訂婚派對，還辭了工作。繼續嗎？對方是一個吹牛王，睜著眼睛撒謊臉都不會紅的，甚至開始挑剔指責艾咪，他刻薄的說：「妳對我來說，唯一的優點就是會煮菜。」

他會移情別戀，一定是我哪裡做得不好，我改！艾咪忐忑的想繼續，而對方卻毫無歉意，破口大罵，「偷窺狂！控制狂！變態惡毒的女人！」

艾咪在街上哭，在床上哭，吃飯的時候哭，坐在馬桶上也哭。

她淚流滿面，不停詢問著別人，卻更像是問自己。

分手三個月之後，艾咪彷彿老了三歲，睡覺都皺著眉頭，額頭上長出了人生第一條川字紋。

在地獄生活四個月之後，艾咪終於選擇了重新做單身。她打包了行李，帶著兩個箱子，開始了整整一年的旅行。她去了日本，韓國，美國，加拿大，西班牙，法國，義大利……幾乎半個地球。

她滿臉春風。

「真是太開心了。如果我還和他在一起，什麼時候才有機會去這麼多地方？

和他在一起的時候，我晚上七點之後甚至不准出門！」

「和他在一起，我是一個只會煮飯的人，現在每天都有人告訴我，我是一個多麼有趣、漂亮、聰明、善良……（此處省去至少三十個形容詞）的女人。我覺得我自己很好，我不再覺得我一無是處，我覺得我很棒！」

「真不敢相信，之前那麼不快樂的日子，我居然有辦法過下去，而一切只是為了有個未婚夫，有個家庭！現在想想，那樣子過完下半輩子，還不如乾脆直接殺了我！」

一個快樂的女生，怎麼會沒有人喜歡？身邊的追求者源源不斷——艾咪才不擔心單身，別人問她未來有什麼計畫，她不再說「找到真愛，明年結婚」，而是告訴對方：「每天都開心！」

單身不是最可怕的事情，不快樂的生活才是！

單身是打開另外一扇快樂之門的鑰匙，門的後面，充滿了無限美好和希望。

單身？不要怕！懂得如何單身，妳會更有自信，更快樂，更幸福！

2 單身不快樂，婚後會更不快樂

即使有人願意接近妳、溫暖妳、取悅妳，面對妳源源不盡的負面能量，又有幾個人能堅持幾十年如一日？

有些人尋找一段關係，是因為他們在尋找快樂。他們認為一段關係、愛人、家庭等於快樂；有些人尋找一段關係，是因為他們並不快樂，於是他們等待著某人來拯救他們的悲慘人生，之後兩個人永遠幸福的生活在一起。

實際上，大多數單身不快樂的人，結了婚也不會快樂。

小貝是個憂鬱的女孩，她從來沒有斷過男朋友。每一次分手後，她都能以楚楚可憐的眼神、傷心的過去，贏得另外一個可以依賴的肩膀。

但我從來不覺得她過著幸福快樂的生活。

「他媽媽好像不喜歡我……」

「房價那麼高，我們什麼時候才能買房子？」

「真倒楣，和他一起出門就下雨，看來他不是我的幸運星……而且逛街的時候他又偷看別的女人了。」

這些皺著眉頭的抱怨，讓她的戀愛每每觸礁。

單身的時候，抱怨和委屈。

不單身的時候時，依舊抱怨和委屈。

於是抱怨和委屈讓小貝再次單身。

快樂是一種能力，如果單身的時候不快樂，結婚後也不會快樂。

結婚，只是兩個互相喜歡的人享受彼此終生的陪伴，而不是一劑起死回生的靈丹妙藥。那些認為只要結婚就能解決當下的尷尬、受傷、不快樂的人，注定要失望。

3 感恩，欣賞，樂觀

既然妳已經單身了，妳能做的最好選擇是快樂單身。過好每一天。

從此以後，王子和公主過著幸福快樂的生活。童話的結局永遠是這樣。誰說一定要有另外一個人才有權過著幸福快樂的生活？其實，只要懂得做一個快樂的人，公主並不需要王子。

如果妳不懂得如何讓自己和別人快樂，不管遇到多麼好的人，妳都會看見他皮鞋上的泥巴。

每個見到羅阿姨的人，都覺得她過得很幸福。

永遠得體精緻的衣著，從來不生氣，永遠笑咪咪的蘋果臉。

我曾經猜測著她的故事，她肯定是一個被父母、先生和兒女照顧保護的幸福女人。

直到某次閒聊，我才知道事情並不是這樣。

羅阿姨從小是個孤兒，小時候在孤兒院做手工，長大後去工廠上班，最後和一個工人結婚生子。孩子三歲的時候，羅阿姨的老公生病去世了，最要命的是孩子先天性耳聾，聽不到任何聲音……

這哪裡是什麼幸福快樂的生活？簡直就是人家苦難故事的集中篇。

羅阿姨卻依舊笑咪咪的。

「我出生的時候是冬天。孤兒院的人都說我命大，要不是有人半夜醒來上廁所聽到我的哭聲，可能就沒有我了。」

「剛結婚的時候，每天看他回家吃飯就很高興，想著今天要蒸個什麼菜，那時候沒什麼錢，我每天想辦法變花樣煮菜，也很高興。」

「他走了，幸好留了個兒子給我，孩子聽不見歸聽不見，可是我看他一眼，他就知道我要幹嘛。」

「老了老了，反而越活越好了，在家做手工，練毛筆字，去廣場跳舞，每年都出去旅行，最近新看了一部電視劇……兒子住在單位，週末都會回來陪我，這孩子，耳朵聽不見，寫程式卻是一流……」

感恩、欣賞、樂觀，是快樂的祕密，永遠看著生活美好的那一面，感謝自己得到的，而不是抱怨自己失去的。

如果妳是一個知道感恩、懂得欣賞、享受快樂的人，那麼，誰會願意讓妳走出視線呢？

4 杜絕以愛為生

妳沒有愛情不能活？
恭喜妳，妳把世界上最讓人傷心煩惱的東西當成寶貝，緊緊地抓在手心不肯放開，而錯過了另外的所有快樂。

女人生來就該把愛情放在人生第一位——到底是誰把這句話傳播到變成一個心照不宣的真理？

小時候，我們聽著童話，幻想著王子身騎白馬；在漫長的青春期，我們用盡全身的力氣，用浪漫的詩歌、歇斯底里的瘋狂，傾盡全力的付出，追求生死相許的愛情；到了適婚年齡，單身的忙著找對象，約會的數著約會的次數，計畫著兩到三年之後結婚……

我們不介意做家庭主婦，我們為了有朝一日可以做家庭主婦而奮鬥！

我們所做的一切的一切，接受高等教育、學習禮儀風範，就是為了找到一個可以依靠的男人，嫁給他！

不要懷疑，確實有一些女性做著這樣的人生規畫。

我的朋友A，她是忠實的拜金教信徒，各大社交活動絕不缺席，日子在各

式各樣的約會中度過，她的人生目標就是：找到金龜婿，搞定他，嫁給他。

A小姐從來不去旅行，因為她堅信跟坐在經濟艙的人沒什麼好聊的，為了一次可能的邂逅而買頭等艙的機票？那還不如把錢拿去和大公司的公關主管們約會吃飯。

A小姐參加體育運動，比如高爾夫，只是每次打球回來，都會抱怨走太多路，皮膚曬黑。

A小姐喜歡去漂亮的餐廳，卻經常滴水不進，因為要保持身材，兩口巧克力火鍋代表著最少三百大卡的熱量。

A小姐沒有親密的女性朋友，因為她深信，身邊的同性都可能變成她的競爭者或者絆腳石。

A小姐不工作，和她的公務員父母住在一起，但最近她覺得應該出去找份工作，才有可能認識更多的金龜婿。

A小姐不忙於約會的時候，偶爾會讀讀書、看看電影，她最喜歡的書是《男人如衣服》，最愛的電影則是「麻雀變鳳凰」。

其實A小姐長相清秀，身材也不差，之所以到現在還沒有成功，我想可能

是因為很多男人也看過差不多的書籍跟電影。

鑒於對他人生活方式的尊重，我從來沒有對A小姐說過這些話；至於現在之所以寫出來，是因為我肯定她對這本書肯定不感興趣。

妳以為男人看不出來妳在幹什麼嗎？

男人不是笨蛋，有錢的男人更不會是笨蛋，他們會琢磨一下能從妳這裡得到什麼，然後決定是轉身就走還是玩玩再走。或許有些時候，你們會各取所需，但是相信我，沒有人會為了想喝牛奶而買頭乳牛回家的。

愛，就像是個又瞎又聾的任性孩子，如果妳讓愛掌控妳的人生，只會是死路一條。

儘管現在已經是二十一世紀，很多女性擁有自己的工作、儲蓄、鑽石、車子、房子，但在光鮮亮麗的外表下，愛情仍舊是很多女人的死穴。

不相信?留意一下朋友間的談話，妳會發現男人的話題很多很豐富，財經、車子、體育、餐廳；而女人的話題永遠是最近的約會對象，或者是為了贏得這些對象所做的外表修飾，比如保養品、美容、採購。

我另外一個朋友B小姐，每一段戀情都轟轟烈烈。

當她在朋友間開始講述這段感情如何神奇的開始的時候，眼睛裡總是會散發著桃紅色的光芒——當然，通常三天前我就在電話裡聽過這次的故事了，B小姐會在半夜打給我，尖叫：「我遇到了一個人！」——她的聲音在午夜聽起來總是那麼恐怖。

B小姐對男人好得很，全心全意付出，約會兩週之後就會開始幫男人買內褲、衛生紙，約會五次之內一定會展示她優異的廚藝。秋天會織毛衣讓男人在冬天穿——我必須承認女人親手織毛衣，大部分的男人都會感動得痛哭流涕。剛到冬天，B小姐就會開始思考聖誕夜去哪裡吃飯。我最恨她在春天交新男友，因為春天她喜歡買狗兒子貓女兒當成兩個人的愛情結晶——然後夏天，這些貓貓狗狗多半會變成孤兒，然後被送到我家。

事情一次次地重複，一個月之內是熱戀期，兩個月之後開始有點小問題，三個月之後她會失戀——有三次是對方的女朋友突然出現，兩次是對方有太太，兩次是對方說很獵奇地說需要一些空間；有兩次，對方甚至直接失聯……

誰說B小姐不用心？每次失戀她都會哭得眼睛紅腫，到目前為止，她已經為了失戀丟了三支手機、兩台筆電、四個LV的包包以及兩份工作。

但是我打賭，兩週之後，等到B小姐的情緒稍稍恢復，我的電話鈴聲又會在午夜響起。

「妳遇見了一個人——我知道……」我閉著眼睛回答。

B小姐的行程表，除了愛愛愛，還是愛愛愛。世界這麼大，美好的東西這麼多，可是B小姐的那張床，可能是她在這個世界上唯一快樂的地方——至少他們在床上都是愛她的。

說起B小姐，我突然想起一部日本電影：《感官世界》。

一對瘋狂的愛人什麼也不做，關在房間裡，日以繼夜地做愛，最後，女主角勒死了男主角，並且把對方的○○割下來帶在身上……

想到這裡，我不禁汗毛直豎，也多少有點理解為什麼B小姐的男人們消失的消失，跳槽的跳槽。

男人遇到這種情況，肯定是壓力山大吧？

5 發現，欣賞，享受

美好的東西太多了，所以妳的一分一秒都珍貴無比，把有限的時間投入到無限的美好中吧。

所有苦悶傷心的女人，都是因為把所有希望都寄託在男人和愛情上。所有快樂自信的女人，都在關注和享受除了愛情之外的有趣事情，此外，她們的愛情也都快樂得很呢。

在我的單身歲月裡，我有大量的時間去探索一些除去愛情之外的庸俗快樂，在這裡我很樂意和大家分享。

吃喝玩樂不用有太多的罪惡感，人生這麼短，好吃的東西那麼多，妳有吃過米其林餐廳？

巴黎 LeMeurice 的黑巧克力蛋糕和冰淇淋入口即化，妳會覺得渾身的毛孔都是甜蜜的；去紐約的二一俱樂部點一杯最適合單身女郎的「四海為家」，穿最漂亮的小禮服，挺起胸部，感受一下自己有魅力又有希望的單身女郎生活吧——對了，吧台旁邊和妳聊天的那個人，很有可能是美國的副總統——這件事情兩個

月前剛剛發生。

在西班牙怎麼不可以不學佛朗明哥?即使妳體型豐腴也可以跳，胖女人跳起來才擲地有聲呢。

威尼斯再過一百年一定會被淹沒，我們是能夠看到它依舊在哪裡的最後一個世紀的人，去那裡買個面具吧，順便感受一下義大利人嚇死人的熱情。

愛動物的但是不想冒險的可以去澳洲，看袋鼠大模大樣的闖過馬路。

如果妳想看更多的東西又偏好戶外，非洲是個好去處。

天，那麼多古蹟，那麼多人類文化留下來的藝術珍寶，古代埃及的來世藝術，炫目的洛可可建築，美國的垃圾箱畫派，上千個進去之後會讓你忍不住屏住呼吸的博物館，傳奇的人物，不朽的建築，奇異的民俗……

我知道妳會怪我為什麼要說那麼多遙遠而昂貴的娛樂，當然，妳可以上網搜尋圖片，看看美好的東西，就會覺得很高興——這是大部分人去博物館的原因之一。

如果經濟條件不允許，至少買張門票跑跑不同的博物館，彷彿穿越時空環遊世界；或者去圖書館辦張借書證，免費在各個世界環遊。

當然，更可以努力制定工作目標賺錢去享受頭等艙，有夢想才會有追求，難道不是嗎？

看書，看電影，享受和藝術大師的對話，那些好看的書和電影會把妳帶進另外一個世界：妳一定會在讀了《羅密歐與茱麗葉》之後落淚；一定要記住斯嘉麗的那句樂觀名言：「明天又是另外一天」；為了可愛的阿甘微笑。如果妳覺得歐洲的電影太文藝，妳可以在好萊塢的商業片裡找點樂子，順便說一下，我的想像力豐富到了極點，所以到現在都還不敢看日本人拍的恐怖電影。

音樂，舞臺劇，舞蹈，歌劇，雕塑，衝浪，滑雪……人類真是萬物之靈，想得出這麼多有趣的事情。

這麼多美好的東西妳都不要，卻只是想著怎麼去贏得某個男人的歡心？對方真的比得上這麼多美好的事物嗎？

愛情是一個點，但這個世界還有很多點。

當妳把全部身體都集中在一個點上，彷彿踮腳站在一支鉛筆上，東搖西晃，搖搖欲墜。如果妳沒有掌握平衡，這個唯一的支點，或許還會刺傷妳。

讓其他美好的事物，變成支持妳的其餘支點！被其他支點所環繞的愛情，

不但不會傷害妳，還會被妳穩穩的踩在腳下。
妳是一個把生命全部重心放在那支愛情鉛筆上的愛之女郎嗎？
是時候多找幾個支點了。

6 妳需要一份工作

獨立的收入是非常重要的。這意味著妳有選擇權：單身或是進入一段關係，留下來或是離開。

一個沒有工作和收入的女人，最大的損失是喪失了選擇權，妳只能留著，保持著，痛苦著。同時，男人不用擔心妳會離開，也就不需要再對妳溫柔呵護。

如果妳不是生下來就有億萬家產可以繼承的某人的女兒，找份工作吧。一份工作，是妳的基本保險，同時也可以避免妳不得不以愛為生。

「麻雀變鳳凰」畢竟只是電影，有幾個男人會娶阻街女郎？妳是個好女孩，但如果妳沒有工作，就會被男人扣分。現代男人不愛娶一個沒有自立能力的女人，即使因為某些原因娶了，也不會當妳是個平等的伴侶。

蔡太太非常幸福，結婚十年，兩個孩子，她的工作就是美容院、下午茶、購物，每個月都會有二十萬定時存進她的戶頭。別人都覺得蔡太太很幸運，但只有家裡的傭人知道，蔡先生的辱罵是家常便飯，有時他甚至會動手，事情已經演

變到了只要蔡先生一進家門，蔡太太就會神經緊張，躺在蔡先生旁邊更是會嚇到一夜無眠。

離婚？蔡太太十年以來靠著蔡先生過著豪華生活，怎麼可能回到職場幹一份22K的工作？面子、孩子，一堆問題，離家出走？沒有這個能力！

男人征服世界；女人靠征服男人征服世界。

在古代，相夫教子是女人的一切，一個重要的原因是：一切都建築在男人付出之上。一個沒有工作和收入的女人，彷彿生存在古代：對愛情有著無限期待，因為有了男人，就會有昂貴的皮包、首飾、旅行、車子、房子，男人是所有其他美好事物的來源。

在現代，女性接受高等教育，有自己的獨立收入，不需要依靠男人才能享受其他的美好事物。而一個沒有工作和獨立收入的女人，最大的損失是喪失了妳的選擇權：妳只能留在這裡，等著對方的恩寵。

當妳失去了選擇的權利，妳就由一個活生生的人，變成了家裡的家具之一，彷彿市面上流行的各種手機，隨時會被最新款取代。妳唯一的勝算是使用者是否戀舊、有沒有良心；但如果妳的系統遲遲沒有升級，外表持續變舊，在經濟可以

負擔的情況下，誰又會拒絕換一支最新的 iPhone？確實好用啊，即使戀舊把妳留下來，也會隨處亂扔不再珍惜，反正該換新的了。

一份工作，一份獨立的收入，是快樂單身的最重要前提。

當妳不得不因為生活開始一段感情或者留在某人身邊，妳不僅不能享受快樂自由的單身生活，還會錯過其他的高品質愛情。

一份工作，一份獨立的收入，將妳從被動被選擇變成掌握選擇權，變成一個被追求的對象。男人會渴望見到妳，希望見到妳，懇求見到妳，人們對無法把握的東西總是充滿著渴望和熱情，當妳擁有了選擇與離開的權利，妳就點燃了他們的熱情之火。

一份工作，可以帶給妳新的朋友、新的社交圈，當然，還有新的男人。工作中認識的朋友永遠比在夜店裡認識的可靠。

工作，會帶妳展開新一輪的社交，妳有機會見到更多的朋友。每個人都可以是一份禮物，喜歡文學的會介紹妳讀雪萊，喜歡運動的會帶妳去衝浪，有人會讓妳變得幽默，有人會讓妳更樂觀……

選擇好的事物去欣賞學習，一切將是一個讓妳驚訝的良性循環。

一份工作，可以讓妳變得忙碌而充實，這個時候妳總是會有驚喜。

愛情是個賤東西，當妳忘記它的時候，它就會想起妳。

7 那些可以依靠的肩膀

即使在一段戀愛中，妳仍然應該精心維持友情。如果妳的朋友每次戀愛就消失，失戀了又找妳哭，妳會願意繼續灌溉這樣的友誼嗎？

在漫長的睡不著的失眠之夜，妳可以打給誰？

妳一定分手過，那麼，在妳分手的時候，是誰在陪妳？誰幫妳拿面紙？誰聽妳哭訴三個小時？誰想辦法哄妳開心？誰叫外送或者弄東西給妳吃？

兩三個可以談心、可以分享態度和人生的好朋友，對單身人士來說，幾乎像一份工作那麼重要。

人總是有情的，要嘛寄情於物，要嘛寄情於人，感情的交流，讓人與人、人與世界之間的紐帶緊密而有趣。

同性朋友是好的，大家戰線相同，話題類似，衛生棉都可以互相借用；異性好友也有異性好友的好處，男人獨特的視角往往會幫妳打開生命的另外一扇窗戶。如果日久生情，也不是什麼壞事，上升到戀人，也沒什麼不好。

生命中的好友，是一雙妳總是可以擁抱的手臂。大膽擁抱他們，感謝他們。朋友對於單身人生有多麼重要，一言以蔽之就是：沒有朋友的單身生活，彷彿蝴蝶沒有了翅膀，也許妳可以爬來爬去，但妳絕對感受不到在空中笑聲燦爛的快樂滋味。

這點，我相信多數人都深有同感，否則為什麼我們從小就會說，「某某人是我最好的朋友」？

即使在戀愛中，也要記得隔段時間和朋友小聚，一方面是為了你們的友誼，另外一方面也是保持妳獨立的自己。

再說一次：男人不是妳的全部，以前不是，現在也不是，以後更不會是。

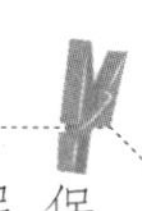

8 和陌生人說話

保持兩三個同性或是異性好友，這是大家都知道的一條法則。另外一條是：多和陌生人說話。

潔斯的日子過得很好，喝咖啡遇到此生的第一個老闆，旅行遇到了第一筆大生意，參加俱樂部活動遇到現在的老公，連幫她剖腹產的醫生，都是在美容院旁邊的床上認識的。

單身，讓妳有權利和任何看起來有意思的人講話，並且讓這種交往發展成各式各樣的友誼。我的朋友潔斯的口頭禪是：「多和陌生人說話。妳永遠不知道他們會帶給妳什麼。」

人生正是因為這個不可預知性變得有趣。

同時，一個成熟的人應該知道如何辨別篩選。對對方微笑打聲招呼不會損失任何東西，如果談話無聊，妳可以隨時看錶走開；但多數情況是，多了一張名片多了一條路，說不定某天做什麼事情，妳就會遇到這個人，更說不定你們會約

會，戀愛，結婚。

歐美人士在這方面比較開明，就算只是在電梯裡遇到也會微笑致意，酒吧裡閒聊更是相當自然。東方人在這方面相對保守，很多時候鄰居之間也互不來往，路上有人無端對妳微笑，只會讓妳提高三分警惕。

把握這個世界給妳的機會，不要讓一些錯誤的先入為主的假設擋住妳的笑容：在酒吧與妳搭訕的不一定是壞人，無緣無故和妳說話不一定抱持著什麼目的，外面的世界很複雜，但幾個從小認識的朋友肯定是不夠的。

潔斯的日子過得一直很好。單身的時候，請微笑和陌生人說話，實際上那也是和外部世界保持緊密連接和對話的方式。

單身，並不代表要把自己關在房間裡，實際上，恰恰相反，在妳自由無拘無束的單身生涯中，妳應該把渾身的天線都豎起來，接收妳可能接到的每個資訊。篩選、採納、營建妳更好的人生。

《How we met》是美國的一本暢銷書，裡面是一對又一對幸福夫婦的回憶錄。他們相遇的地方可謂各式各樣，圖書館、火車、酒吧、網咖、馬路、健身房、遊行隊伍、深海潛水……

兩個全無關係的陌生人，相識於友好的微笑，從此展開一段情緣。
單身時候，給陌生人一個微笑，妳又有什麼損失呢？

9 享受單身

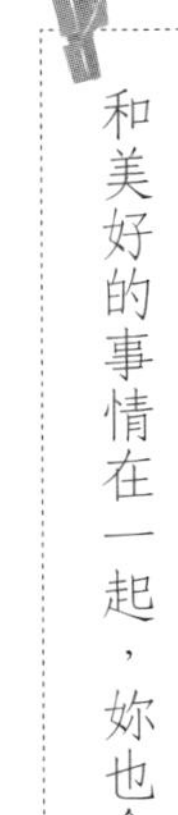

欣賞所有美好的事物，並且把自己變成這些美好事物的其中之一。和美好的事情在一起，妳也會變得美好。

工作、朋友、陌生人都不會二十四小時陪妳。總有一些時間，如果妳沒有戀人，妳是一個人待在房間。

去看看那些美好的東西，去盡可能享受美食、美景、書籍、電影、音樂、舞蹈、雕塑、歌劇、建築……所有人類的偉大智慧結晶，妳會覺得世界在妳面前無限展開，並且閃閃發光。

如果真的沒興趣或者資源有限，妳不可能去那麼多地方看那麼多東西，沒有錢去買歌劇票，至少可以上網看看照片，聽聽音樂。

生命太美好，美好到怎麼過都是浪費；去探索這個世界，總比在床上發呆要快樂一些。

和美好的事情在一起，妳也會變得美好。

在妳的生活周遭，一定有一些讓妳覺得有趣的人。化妝品和名牌服飾，讓美女全部是一個樣子，三分長相、七分打扮，在這個人人是花瓶的時代，懂得談話和交流，具備學識和氣質，做一個多聞而有趣的人才是關鍵。

去閱讀，去旅行，去了解和學習那些妳不懂的建築、文化、藝術。

我們都曾經戀愛過。

如我們所知：戀愛生活多數是：吃飯、牽手、親熱、擁抱、互相讚美、花時間在對方身上……更進一步，照顧對方生活，甚至對方家庭的生活。

在一段關係之中，妳有多少時間是為了自己？

單身，給妳更多的空間和時間，營建更美好的自己。

10 認真的女人最美麗

發展妳的興趣，或許某天妳會發現，妳已經變成這個領域的專家。桌球女王，美食皇后，非著名小說作家……連一分鐘吃幾個漢堡都可以申請金氏世界紀錄，妳怎麼知道妳不會是世界紀錄的譜寫者？

尋找妳的興趣。一個興趣能保證兩件事情：一，妳不會無聊苦悶，二，妳多了一樣特殊的才能。

妳的興趣可以是收藏高雅藝術品，也可以是在廚房裡洗碗，總之，妳一定要有一件妳很喜歡、做很久也不覺得累的事情，而且，當妳做的時候，妳是全身心放鬆和快樂的。

還沒有找到？現在就問問自己，最大的興趣是什麼？什麼都可以，打桌球，吃東西，聊八卦。

發展妳的興趣，或許某天妳會發現，妳已經變成這個領域的專家。

這件事情真實的發生在我的朋友傅小姐身上。她愛吃，每天下班之後閒來無事就是研究食譜，更新自己的烹飪網站，三年之後，她不僅變成業內的知名人士，也出版了自己的烹飪書，更擔任烹飪節目的客座主持，更別說男人聽到她是

烹飪專家時驚訝讚嘆的目光。傅小姐上個月剛剛訂婚，她的未婚夫像中了樂透一樣高興。

快樂的去做妳感興趣的事情，妳一定不知道這個時候妳看起來有多性感！

11 自己的終生戀人

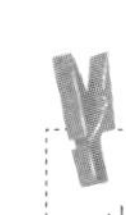

妳一生之中最重要的一段關係，不是妳和妳的老公，不是妳和妳的父母，也不是妳和妳的孩子，而是妳和妳自己。

梁小姐是個單身貴族兼旅行狂人，三十一歲的她正好去過三十一個國家。有些朋友質疑她一個人的旅行是否快樂，她回答：「當然，我也希望有個男人能和我一起旅行，但是沒有遇到，難道我要為了等他而停止旅行？沒有他的日子，我也要快快樂樂的做我該做的事情，看這個世界。」

「不過，每次旅行的時候，我都幻想其實是兩個人：梁小姐和梁先生。梁先生負責預訂漂亮的酒店讓梁小姐有著舒適的旅行環境，而梁小姐則一定要搭配好衣服鞋子，驚豔出門。梁先生帶梁小姐去特別的地方認識一些特別的人，梁小姐則負責保持微笑與禮貌，和陌生人談話，妙語連珠，讓梁先生有個愉快的心情。」

幻想一個自己陪伴著自己，聽起來是否有點複雜？但梁小姐的每次旅行都充滿了快樂和收穫。當她滿臉笑容的走進酒店或餐廳，她總是可以得到免費升級的房間和主廚的免費湯。誰看到一個笑嘻嘻的人不想多看兩眼，不想多見她幾次？更不要說許多自告奮勇的免費導遊了。

梁小姐一個人，卻不孤單。

戀愛，結婚，不是妳的救生圈；和對方分享全部、無限依賴只是理想狀態。實際情況是，再完美的戀人也不可能幫妳做全部事情，也不可能二十四小時陪在妳身邊。

梁小姐的故事，實際是在說明另外一個事實：妳必須學會和妳自己相處，因為在人生的任何一個階段，唯一會一直陪伴妳的人，是妳自己，而且只能是妳自己。

妳必須學會如何單身，如何和自己相處。妳必須學會做一些事情：讓妳自己快樂。

妳是最了解妳自己的人，如果妳都不能讓妳自己快樂，妳怎麼能讓妳身邊的人快樂？

只有做個快樂的自己，別人才會注意妳，喜歡妳；最重要的是：妳自己很快樂，這才是最重要的事情。

親愛的，不妨假設妳是妳自己的戀人，去做一些事情關心妳自己，讓妳自己笑。長期在電腦旁邊工作，腰痠背痛，請自己去一個水療ＳＰＡ；每年各種節

日送自己禮物，帶自己去度假……

如何快樂單身？

先讓妳自己微笑。

最後，誰可以拒絕智慧、樂觀而快樂的妳？

12 單身快樂，勇於單身

妳怎麼能忍受男人偷取妳的時間、生命與愛情？

他對妳不是很好，但是你們已經在一起兩年了，重新認識一個人又要花費時間精力，重新冒風險……

也許妳曾經這樣想過。

事實是，繼續和他在一起，妳根本沒有機會認識其他新朋友，更好的人選不會出現在妳的世界裡，因為妳的時間與精力都被這個妳不滿意的人佔用了。

誰跟妳說有個伴一定比沒有好？整天因為對方而傷心哭泣患得患失，還是一個人快樂的去做自己喜歡的事情？一個人快樂單身，絕對比和他在一起不快樂要來得好。

是的，妳捨不得，因為妳已經花了這麼多時間、精力、感情在對方身上，所以妳一邊恨他，一邊繼續忍受。

親愛的，妳過去做錯了事情，現在正被這個錯誤懲罰著。妳應該做的是停

止這個錯誤，也停止把這個錯誤怪罪在對方身上，然後走開。

走開是解脫，因為妳少了一分鐘的傷心和怨恨，多了一分鐘的自由和快樂。妳可以重新站起來，過妳自己的幸福生活。

現在是二十一世紀的文明社會，不管妳是因為愛情、身體、金錢、孩子還是其他任何原因，不得不痛苦的留在他身邊，親愛的，我要告訴妳，不管原因是什麼，妳都可以找到解決的辦法，重新站起來。

錯誤的男人，就像是病毒一樣從一個小部位散布到妳的全身，痛苦斬去那個部位之後，妳剩下的健康肌體還有機會給妳帶來重生，如果妳繼續放任這種錯誤，可能會要了妳的命——如果妳的後半生都在抱怨和不快樂中度過，和行屍走肉有什麼區別？

這是一個女性可以獨立生活和社交的年代，妳完全可以獨自生活，不依靠任何人，有自己的經濟來源和精神世界。

少了哪個人，地球都會繼續轉動。離開他，妳或許需要時間復原，但妳的星球絕對可以存活。

HOW TO BE SINGLE

享受妳的單身生活

誰說一定要有個伴？
一加一不一定大於或等於二，我們自己一個人也能過得很好。

1 單身？太幸運了！

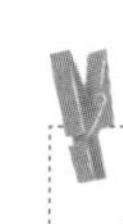

為什麼要為了單身而苦惱？妳知道多少家庭主婦想和妳交換嗎？

我認識的大多數單身的人，都焦躁不安的尋找著愛情和婚姻，他們把單身看成孤獨寂寞、不幸福、不快樂的代名詞，總是想早點結束單身生活，進入穩定的二人世界或家庭生活。

一個人真正單身的時間，其實是非常有限的。

在十八歲之前，妳可能一直和父母住在一起，大學時期妳會有室友，真正的單身生涯，可能從妳離開學校自己找到一份工作，住著一間小套房才算真正開始，也有一些人，結婚之前甚至之後一直和父母住在一起。

假定妳三十歲結婚，不少女人在這個年齡之前就已經結婚了，妳擁有的單身日子，大概只有八年左右。很多人的單身日子一定少於八年，因為她們有著固定的男朋友，早早開始了同居生涯或者結婚。我認識一些女人，她們一生中甚至從來沒有單身過，從父母家庭直接走進了另一個家庭。

親愛的，妳可否想過：童年時期有家規，結婚之後有伴侶的陪伴或者說無聲的監督。愛一個人，怎麼會沒有犧牲？或許妳不擅長烹飪，卻要每天為他煮晚餐；也許妳遇到另外一個讓妳心動的人，但是無名指上已經有了戒指；也許妳想搬去巴黎生活，但是妳的伴侶不能放棄他的工作……

假設妳的生命是八十年，在這八十年裡面，妳只有八年的時間完全做自己的主人，擁有最完全的自由。

單身的日子，妳可以完全按照妳個人的想法生活，回到房間妳就是妳自己的主人，如果妳願意，妳可以看肥皂劇，聽音樂跳舞，在身上臉上塗滿各種奇怪的護膚品，假日，妳可以買張機票跑去埃及或者印度，妳可以拚命大笑，也可以隨便亂哭，週末在家，如果妳願意，妳可以不洗澡不刷牙不起床——這是我小時候的夢想——妳可以完全不用理會別人的任何想法，在妳的小小世界裡，做妳想做的一切。

現實是，妳的整個人生，九成的時候都得整天和別人在一起，要照顧別人的心情和感受；只有短暫的一成時間，是真正屬於妳自己的。妳可以傾聽自

己內心的聲音，想想自己要什麼，做什麼，不用有任何顧慮和擔心，做妳想做的一切，實現妳所有精彩或者荒謬的人生冒險。

放棄這八年，從來沒有單身過的人，妳知道妳失去的是什麼嗎？

當然，我並不是鼓勵全世界的女人開始自由而不負責任的單身，只是人生太短暫也太美好，留一點時間給自己吧。如果妳正在單身，不用焦躁不安的尋找下一個懷抱或者家庭，嘗試享受妳的單身時光。

盡可能延長妳的單身生涯，因為和家庭生活相比，單身是最精彩、最有趣、最充滿想像力和創造力的一段生活。

妳還是單身？

快點出去找點樂子吧！

2 趁著單身去追夢

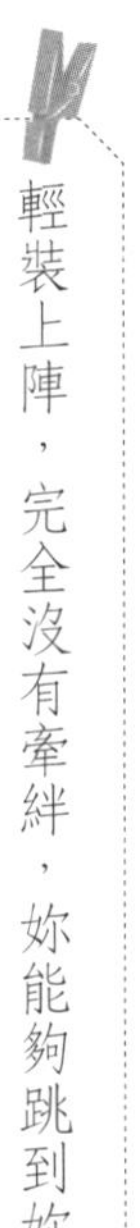

輕裝上陣，完全沒有牽絆，妳能夠跳到妳所努力的最高處。

單身的妳，擁有了很多時間，很多精力，以及一些節省出來的金錢，可以讓妳去做一些真正想做的事情。

也許小時候，妳一直喜歡畫畫，希望長大之後可以當個畫家；但父母堅決認為畫家悲慘而窮酸，他們冷靜的告訴妳，當個律師、醫生才有前途。有鑒於妳依舊住在他們的房子裡，每週從他們那裡拿零用錢，之後每一次的人生選擇，妳都離自己的夢想越來越遠。

當妳終於獨立，離開父母一個人生活，真正第一次單身的時候，恭喜妳，妳有了第二次選擇的機會。

沒有戀愛？真是太好了！戀愛是一樣需要巨大精神、體力和物質消耗的事情，有時候，戀愛簡直就像個無底洞，把妳整個人吞沒。

假設妳太早結婚，身邊有著伴侶以及可愛的寶貝們，情況不就又回到了小時候？只是，這次是妳自己選的。

妳可以用工作之外的所有時間重拾畫筆，如果妳沒有了經濟上的後顧之憂，也許妳終於可以去妳當年想去的學校。也許，今天晚上在房間裡的塗鴉，就是日後的不朽名作——誰知道未來會發生什麼呢？

最重要的是，妳聽從了自己的心聲，做了一些妳真正想做的事，至少妳的字典裡沒有遺憾。

某知名企業剛剛在美國那達斯克上市，創始人當眾致詞感謝前妻：「感謝妳甩了我，如果沒有妳，我肯定沒有今日！」這樣的故事多不勝數，從戀愛變單身，痛定思痛，專注事業，終於搏出一片天——如果每天都想著要和對方吃什麼、去哪裡、做什麼，哪裡會有今天的成就？

當妳為了得不到某男人的愛而在棉被裡哭泣的時候，不如想想妳小時候的夢想。難道妳小時候的夢想是得到那個人的愛？肯定不是！我們小時候都在夢想自己成為芭比、白雪公主、畫家、作家、總統、神力女超人。

去追求妳的夢想吧，趁著妳還單身。

想要跳鋼管舞？先去參加鋼管舞培訓班吧。

如果一個人不能獨處，是不可能成功的。只有當妳單身，從各種關係裡逃

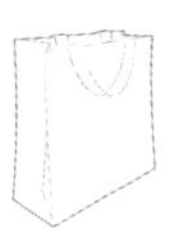

脫出來，妳才能坐下來思考自己的前途未來，思考和社會各界的關係。

很多成大事的人，都是能享受獨處的人。

想做個成功人士嗎？單身不是負擔，是妳的財富和幸運。

單身的最美妙的地方就在於，妳可以做妳想做的一切。

3 越多約會越好

如果沒有足夠的約會經驗，妳如何分辨對方值得妳託付一生？

古代的女人總是住在深閨大院裡，多數情況下，很可能小姑娘站在牆頭一看，剛好有個秀才經過，結果秀才就成了丈夫。更多時候，甚至連對方的面都沒有見過就結婚了，直到揭開頭蓋的時候才見到自己的郎君——如不如意就不肯定了。

當然，古代也有古代的好處，多數情況下都是終生制，反正女人總是在家，沒有什麼機會和別人來往。萬一出現什麼情況，女人被男人休了，這輩子也就完了。所以古代的女人忍氣吞聲，過著一輩子不會離婚的穩定生活。

現代人可就不同了，如果合不來，說離婚就離婚，在紐約、巴黎這些大城市，大概有一半的人離過婚。

除非有著不可告人的不良目的，大概沒有一個正常人，在結婚的時候是想要離婚的吧？所以，在單身的時候，盡可能多跟別人約會，看各式各樣的人，了解自己真正想要的是什麼。

妳不喜歡抽菸的人？很好，妳未來的伴侶一定不能抽菸。妳不喜歡視金錢為糞土的藝術家？很好，妳未來的伴侶一定要可以保障家庭經濟……每次跟不同的男人約會，妳就多了解自己想要什麼，妳未來伴侶的輪廓也會越來越清楚。

約會不一定要以結婚為目的。只要那一剎那，妳是快樂的。因為妳是快樂的，妳願意再見他第二次、第三次，當然就更願意和他廝守終生。

張醫生在紐約工作，收入穩定，職業受尊重，和女朋友感情很好，是大家羨慕的對象。誰知道在一次聚會上，談到感情生活，張醫生語出驚人：「感情穩定下來，意味著無休止的痛苦以及長期的無聊。」

當時正是單身渴望愛情的我驚訝極了：這句話要是被他女朋友聽到，肯定會出大事吧？

後來仔細想想，張醫生說的可能是真心話。

每天對著同一個人，看到更好的人也不能去約會。除非真的認定了那個人，否則，要心甘情願的穩定下來，確實很難。

相比於抱怨無聊的穩定生活，單身的妳，請記住：妳結婚之後就不能再約會了，所以，趁著單身興致勃勃的約會去吧。對方可以是非洲酋長，也可以是酒吧服務生。

女生很容易犯一個錯誤：第一次約會就想到結婚。這就是為什麼女生大罵現在有那麼多壞男人的原因。

可是，難道妳想像古代的大家閨秀一樣，站在牆頭等待，和第一個看到的男人結婚？

多數的初戀都不是以婚姻為歸宿，因為在長期的了解與雙方的成長中，或許妳會發現：他不是妳想要的。

當然，妳還是可以結婚，但是結婚了不快樂又離婚，豈不是更麻煩？約會不一定要以結婚為目的，只要那一剎那，妳是快樂的。

在妳單身的時候，盡情去約會吧。

4 不要那麼快告別單身

妳完全可以同時和幾個人約會，在沒有彼此確認關係之前，珍惜妳短暫的單身時光，讓它變得更有趣、更有效率吧。

不以結婚為前提去約會？是不是太不負責任了？

不用擔心妳以後沒有責任可負，以後妳會有個天天要妳戴戒指出門的老公，以及一堆跟在妳屁股後面的孩子。

所以，此時，此刻，先去快樂的約個會吧，直到妳遇到喜歡的人，彼此確認了關係，完全認定對方就是自己生命的那個人。

記住，不要那麼快告別單身。

妳一生中，只有少之又少的時間，可以不負責任的尋找樂趣。

5 每天都是單身派對

在妳告別單身之前，把所有告別單身之後不能再做的事情，努力做個夠吧。

為什麼有人不願意結婚？

除非妳真的很幸運，能夠找到一個百分之百愛妳接受妳的人，否則結婚之後，對方一定會多多少少的干涉妳——不用擔心，找到一個百分之百接受妳的人的機率，略高於中樂透頭彩的機率。

和剛剛遇到的有趣男人約會；和麻吉狂歡整個通宵，然後躺在床上兩天；抽菸，喝酒，用幾個月的薪水買了一個古董箱子；吃三盒不同口味的冰淇淋；凌晨三點鐘起床唱歌……

每個人都有一些匪夷所思的怪癖。

總有一天，妳會和美好的單身告別，讓另外一個人走進自己的生活，並且竭盡全力的彼此尊重、愛護與陪伴。那麼，在妳告別單身之前，把所有妳告別單身之後不能再做的事情，盡情做個夠吧。

盡可能的去約會，認識各式各樣的異性；一個人去旅行，一個人拍照，和任何妳有興趣的陌生人講話；穿上妳想穿的衣服，和朋友出去狂歡通宵；在床上睡覺，不刷牙、不洗臉、不工作，直到妳自己都受不了自己為止；不穿衣服在家裡遊蕩，半夜跳舞，下樓跑步；連吃六盒冰淇淋；反穿內褲，不倒垃圾；一口氣看完六季的「慾望城市」；試穿所有衣櫃裡的衣服……

親愛的，妳完全可以隨心所欲，發揮妳的想像力，去享受妳一生中最傳奇的這段日子，這段精彩的單身生活。

直到有一天，妳覺得夠了，想要一個人在妳身邊，彼此關愛和負責生活，再考慮告別單身吧。

最後，在與單身告別之前，請再三確認這件事情；記住，妳只有八年的美好單身時光。

HOW TO BE SINGLE

既然單身，何不貴族

世界上有三個最大的秘密：
一，外貌是一把萬能鑰匙。
二，沒有醜女人，只有懶女人。
三，一定會瘦的減肥秘笈。

1 美好的靈魂也需要外包裝

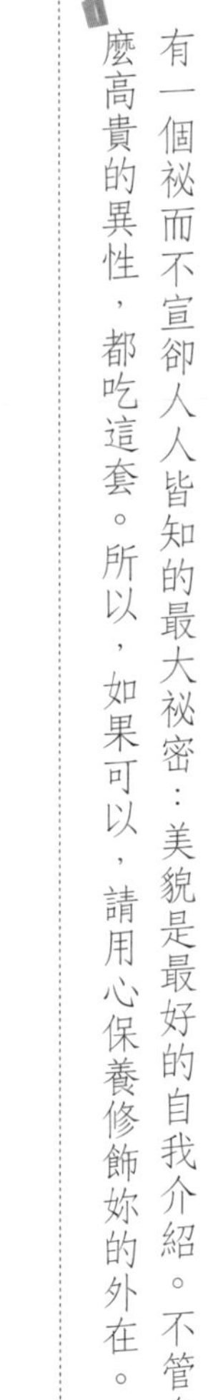
有一個祕而不宣卻人人皆知的最大祕密：美貌是最好的自我介紹。不管多麼高貴的異性，都吃這套。所以，如果可以，請用心保養修飾妳的外在。

某一次，我和W小姐在一間義大利餐廳對著一盒鹹橄欖和一瓶水聊天，W小姐突然幽幽嘆了一口氣，「我多麼希望他愛上的是我的靈魂，而不是我的樣子。」

這句話，似曾相識。

世界上有多少女人，大概就會有多少次這樣的嘆氣。

在一身皮相衰敗老去之後，他是否還會覺得妳是世界上的最美好，依舊整夜抱著妳，不會放手？

而作為業餘婚姻家庭諮商師的我，最近做得比較多的一件事情，就是建議她們：改善外形。

身材過度豐滿的，我逼她馬上去減肥；眼角有皺紋的，我介紹去笑紋的醫生給她；打扮不起眼的，我親自帶她去買衣服……

親愛的，不用擔心沒有人愛上妳的靈魂，因為，每個女人都是美好的：妳深情而執著（隨便抓一個男人就嫁了），獨立而高貴（認真尋找精神伴侶而不是一張長期飯票），充實而有趣（妳們可能會唱歌劇，可能會跳國標，可能會畫油畫）。

只要一個男人靠近妳，和妳談話和妳玩，和妳分享妳的時間妳的世界，我一點都不擔心，因為我知道，他們肯定會愛上了妳的靈魂。

親愛的，國標不用跳到專業八級，房子也不用一口氣買三間，留點時間和精力在自己的外形上。

我知道妳是鑽石，但是拜託，請展現妳璀璨的光芒。

我知道妳內心美好，但是外表再漂亮一點，也沒有任何損失，對不對？

男人是視覺動物，在對彼此一無所知的時候，他們會習慣性的選擇看起來很好的。

當然，當妳用外在吸引到男人之後，接下來，就該妳的靈魂大顯身手了。

2 不用一千零一夜，但至少要有一夜

妳的燦爛，終有一日會消逝，肉體會逐漸衰老，皺紋和老人斑會爬上妳的皮膚。所以，為什麼不買下眼前這條風華正茂的晚禮服？不是為了取悅任何人，而只是因為曾經美麗過。

我的朋友塔米要開一個舞會，著裝要求非常嚴格，幾位被邀請的女生帶了裙子給我看，怯怯的問：「這條可以嗎？」

當然不可以。她們的裙子，平時夏天走走路穿，出席晚餐酒會勉強穿，但是一個晚宴派對，穿她們這些裙子走進去，很可能會被擋在門外。她們都是認真工作的白領階級，衣櫃裡正裝倒是不少，正式的晚禮服，對不起，一件都沒有。

當然，全世界都知道晚禮服是最吃力不討好的投資，如果妳不是去走奧斯卡地毯，大師訂製的就不用考慮了；一條名牌晚禮服動輒二三十萬，聰明一點的女生會跑去找仿製版花個一兩萬，價錢勉強接受吧。

接下來的問題是，花了大錢買來的晚禮服，妳可能沒有機會穿第二次。

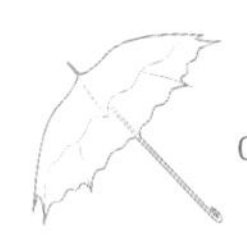

一方面，東方人很少舉行需要著正裝的宴會，即使有，我個人也不會穿同一件晚禮服第二次，道理很簡單：禮服越漂亮，別人就越過目不忘，所以下次大家一定會記得妳又穿了這件禮服。

我們一定要每次都驚豔、新鮮、閃亮出場，一件裙子怎麼可以穿兩次？

想像一下，一件晚禮服，配上十公分的高跟鞋，站在鏡子面前，自己都覺得閃閃發光，平時藏在T恤運動褲下面的身體，居然是如此不可思議的修長美麗。

所以，賣晚禮服的人從來不會和妳談價錢，而是建議妳先試穿，因為試下去，妳鐵定脫不下來了。

怎麼可以不買一件晚禮服？不只要買，還要要拍照片，將來給老公和孩子看，順便提醒他們：喂，老娘現在穿著短褲擦地板，還不是為了你們？

如果沒有機會穿出門，每一年，至少找一天，和妳的另一半在家裡吃飯，自己再穿一次。

買一件晚禮服，還有一個目的：十年之後，翻出來再穿一次。劉嘉玲十年之後再穿成名時候穿過的那件VERSACE貝殼白色禮服，身材絲毫不走樣，那才是女人保養的最高成就。

當然，我不要求妳拿自己的全部身家去換一件晚禮服，然後打開衣櫃對男人說「這就是我的終生積蓄」，但是，如果衣櫃裡沒有晚禮服，那就買一件吧。

一生之中，至少要有一個驚豔之夜。

3 漂漂亮亮的出門，快快樂樂的回家

精神不振的時候請待在家裡，只要出門，請以最好狀態示人。

我在歐洲讀書的時候，曾經有過這樣一位鄰居。

她和前夫都是導演，後來發現丈夫和助理有外遇，離婚之後一個人住在十六區的高級住宅區，樓下就是YSL的專賣店，門口有著一行標語：永遠愛我，否則就永遠不愛我。似乎是她人生故事的OS。

她很特別，我從來沒有見過她愁眉苦臉、衣著不整，相反的，每次看到她，我都會眼前一亮。有設計感的首飾、靚麗的妝容、鞋子和手袋配得無可挑剔，再加上自然的笑容，優雅的香水味，連作為同性的我都覺得她是一位迷人的女士，願意和她在電梯裡多待一下子。

有一次，她對我說：「沒有人知道下一秒會發生什麼，也許只是出門買個麵包，就會遇到妳一生中最重要的那個人。所以，我從小開始，即使只是去便利商店，也會穿衣服化妝，漂漂亮亮的出門。」

她的人和話，給我留下了非常深刻的印象，事實也證明，在我們看來稍微有點過分重視著裝的行為，確實有效。她遇到的每個人都願意親近她，甚至她去趟郵局，工作人員都記得這位太太，處處給她開綠燈。

精緻的著裝讓她注意禮貌風度，以此贏得了人群的關注和讚美，這又影響了她的情緒讓她更快樂，一個良性循環就這樣展開了。

因此，我三不五時在她家門口看到帶著玫瑰的追求者，一點也不奇怪。

當然，每分每秒保持無懈可擊，幾乎是不可能的，所以在家的時候，妳完全可以睡眼惺忪貌似女鬼，但只要出門，請盡量衣著整潔，精神良好；微笑，是最好的化妝品。

我不排斥女性迷戀衣物，如果穿上一件美麗的裙子可以讓妳覺得世界更美好，為什麼不穿？

努力工作，買漂亮衣服，讓妳的心情更快樂，正面循環就會開始，妳就會越來越漂亮，越來越快樂！

4 減肥、整容，只要妳快樂

整容不是什麼大事，如果可以讓妳得到妳想要的快樂，去吧去吧！

減肥是女人永遠的話題。似乎無論怎樣，只要減輕五公斤，人生就能到達另外一個美好階段。

當然，我也見過快樂的胖女人，但是多數胖女人都不快樂。

嘗試過市面上各種古怪的瘦身湯和藥品之後，如果要減肥，我主張適度減少進食和運動減肥。如果做運動對妳來說實在有困難，我分享一個個人屢試不爽的減肥祕訣：蛋羹減肥法。

原理很簡單，雞蛋含有人體需要的多種營養物質，同時一顆蛋大概含有八十卡的熱量，但腸胃蠕動消化一顆蛋，大約需要耗費九十卡，所以理論上，吃蛋應該是越吃越瘦的。

把雞蛋打碎後加入食鹽和溫開水，蒸成黏稠狀，或者直接微波爐三到五分鐘之後即可食用。加水做成蛋羹比水煮蛋好，因為加水之後會更有飽足感。

吃法不限，餓了就吃，妳也可以配合一些維生素E、膠原蛋白以及其他的一些營養素來補充身體需要的營養物質。飲料部分，優酪乳、無糖豆漿，水果可以吃番茄和黃瓜，除此之外，其他食物暫時就不要吃了。

每次我有些超重，就會開始吃這些東西，連續吃一個月，大概可以減三到五公斤，也不會有任何不良反應。實際上，因為戒口，少吃刺激性食品，皮膚氣色反而會更好。

當然，胖胖的也會有人愛，每個人都是可愛的，但，如果妳從八十公斤減到六十公斤，妳會發現人生煥然一新——尤其是單身的妳。

至於整容，多少會有些爭議。我個人的看法是：小到割雙眼皮大到隆乳，如果整容後妳會覺得更有自信更快樂，確保手術安全和無後遺症的情況下，妳又可以負擔手術費用，妳完全可以去做妳想做的一切。

妳自己的快樂，是最重要的。

只有妳成為一個快樂的人，享受每一天的美好人生，妳才會有機會擁有一段快樂的兩性關係。

HOW TO BE SINGLE

約會達人，變身！

親愛的，請不要再猶豫；我們玩個遊戲，叫DATE。

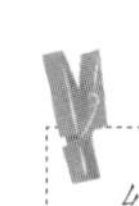

1 學習男人約會去

約會是一件有趣的事情。為什麼要拒絕樂趣呢？

妳經常週末自己在家，不出去和異性約會？
妳約會過的異性，加起來不超過十個？
妳現在的伴侶是妳約會的第一個異性？
妳不知道約會的時候該做什麼、說什麼？
妳常常在約會結束之後覺得自己表現太差？
在妳和他約會的這段時間，妳只和他一個人約會？
總是很快對妳約會的對象傾訴妳的一切？
約會第一次就發生了性關係？
約會了三次之後，就相信妳找到了生命中的那個人？
約會了三次之後，就會把對方正式介紹給妳的親友和家人？

上面的這些問題，如果妳超過三個問題都回答「是」，那麼，妳對於如何約會，知道的實在不多。

難怪妳總是為感情苦惱，覺得他不重視妳，或者自己總是遇到不好的人。是時候改變妳的約會觀了。

錯誤的約會觀，會讓妳錯過那些本來屬於妳的對的人，會讓那些最初對妳感興趣的人慢慢疏遠妳。我並不是提倡玩愛情遊戲，而是嚴肅認真的找到妳生命中的那個人，並在一次次的約會中，讓他發現妳的美好，真正的愛上妳。

首先，妳必須知道男人的約會觀念。

男人會主動出擊，與他有興趣的任何女人約會。

男人總是興致勃勃去約會，並且相信每次約會，都是一次美妙的探索。

男人去約會，並不是以結婚為目的。

男人在確定關係之前，會同時和很多異性約會。

男人喜歡盡早與約會對象發生性關係，但他們又很賤的不怎麼珍惜太早與他們發生性關係的約會對象。

男人不會太快把什麼事情都對妳全盤托出。

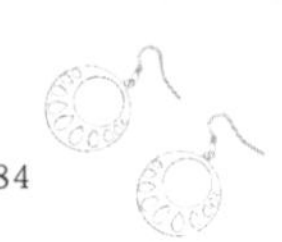

男人不想那麼快見妳的親友團。

男人看到對自己深情專一的女人，多數會覺得壓力很大而躲開。

然後，像個男人一樣去約會吧！

男人的約會方式，能讓妳發展出很多約會對象，並從中取得最大的愉悅，找到最適合妳的那個人，並讓那個人對妳越來越感興趣，直到他清楚的意識到，他的生命中，不想沒有妳。

2 一百個約會

約那些妳感興趣的男人出去吃飯看電影。記住，約會不代表任何正式承諾，只是「我願意和你做朋友」的表示。

週末總是自己一個人在家埋怨沒有約會？或者，有人約妳，妳卻覺得他不是妳的結婚對象，所以拒絕邀約？

向現代男人學習吧。

很多男人一輩子至少約會過一百個女孩，他們會找不同的異性看電影、吃飯、喝咖啡、聊天，很多時候，他們不覺得這個女孩就是自己要娶的人。

一百個約會對象，並不是一個很恐怖的數字。假設妳從十八歲開始約會到二十八歲，十年，每年認識十個新朋友，和他們喝咖啡、吃飯、逛街，應該不算很過分吧？

盡可能多約會，了解男人，學習如何與男人相處。

遇到喜歡誇誇其談的男人，妳就會學會眼見為實；遇到壞脾氣的男人，妳就知道妳未來的伴侶要有溫和的微笑；遇到花心大蘿蔔，妳就知道其貌不揚但專一深情的男人是好選擇……

單身時間很寶貴，妳可以盡可能的去約會，但是請確保每一次約會，每一個約會對象，都能讓妳學到一點新的東西——連續兩次愛上已婚男人或者花心大蘿蔔，請檢討一下自己吧。

每一次約會，妳都可以知道自己想要什麼多一點，同時也會越來越了解男人想要什麼。然後，妳就會更容易的找到妳想要的男人，也會越來越變成妳想要的男人喜歡的那種女人。

3 快樂約會去

Oh happy date, oh happy date, when Jesus washed.

我們出去約會，是為了更了解自己想要的男人和發現自己應該改變的地方，以便我們有機會被我們的理想對象愛上。

除此之外，約會的另外一個重點是快樂。

如果妳不是急著結婚，在最初約會的時候，不要有太多關於未來與結婚的顧慮，永遠應該放在第一位的是：妳快樂嗎？

和妳約會的男人，有讓妳笑嗎？他疼妳、照顧妳嗎？每次約會，他會安排好節目嗎？離開他之後，妳還想見他嗎？一個人走在路上的時候，妳會因為突然想起他而微笑嗎？

快樂的來源，可以是一朵花、一場有趣的電影、一場貼心的談話或者一件花心思的禮物。

即使是一個妳最初不怎麼喜歡的男人，如果他夠聰明和重視妳，妳依舊可以得到快樂。他會帶妳去妳喜歡的地方，做妳喜歡的事情，他會想辦法讓妳微笑，

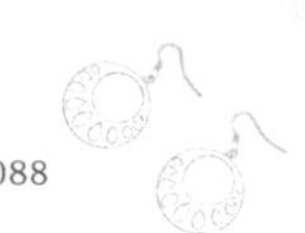

讓妳快樂。

妳喜歡但對方總是讓妳不快樂的人，和妳不喜歡但對方總是可以讓妳快樂的人，妳會選哪個？

不要以結婚為目的去約會，也不要覺得不可能嫁給他就閉門不出。給彼此一個機會，出去一兩次吧，妳總能得到點東西的，或者教訓，或者快樂。不論是哪一種，都是好的。

約會一兩次之後，如果這個人實在不能給妳愉悅，那就算了吧。

當妳感受到快樂之後，再去想未來以及所有嚴肅的事情吧。

4 報告學長，約會跟結婚完全沒有關係

男人討厭女人剛約會就談結婚，就像女人討厭男人剛約會就想上床。

大多數女生很容易犯一個錯誤：剛剛開始與一個男人約會，就以為自己和對方交往了，幾次約會之後就開始大剌剌以女朋友自稱，迫不及待的交代自己的全部，帶他見親友團，甚至開始規畫未來，探討以後買房子要買在哪，未來要生幾個孩子了……

停停停停停！

你們只是在約會，這個時期，只是彼此了解觀察的階段。約會，甚至性，並不代表任何關係，很有可能他還在見別人，或者並沒有認定妳——女人很容易在有了親密行為之後認定對方，男人則不然。

在彼此沒有承諾之前，妳要明白，妳還是單身，妳只是在約會；從法律角度看，在結婚之前，妳都是單身。

如果有任何探討未來的類似話題，記住，應該是他來對妳說，而不是妳端著盤子呈出來。

兩個人，至少應該在連續約會三個月之後還是很被對方吸引，這才能叫作交往，才有可能叫彼此相愛。

而且，就算你們彼此相愛，也並不等於他就是妳生命中的那個人。

要知道，太多的人彼此相愛卻互相傷害，或者因為其他各式各樣的原因而草率收尾。

快樂的去約會，去交往，去相愛，去探討未來，去努力尋找能相伴終生的人。

妳要知道，從約會到認定彼此，還有很多路要走。

千萬不要把約會看得太嚴肅，這會讓妳很快就認定對方，之後因此而傷心。

約會，應該是一件以快樂為前提的有趣事情，為什麼要拒絕樂趣？

不要輕易的把樂趣變成苦惱，親愛的，翻翻電話簿，發幾個簡訊，換上漂亮的衣服，出去約會吧！

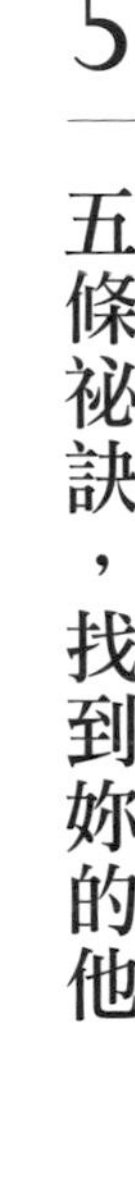

5 五條祕訣，找到妳的他

聰明的女人不該擔心沒有約會；應該擔心的是沒有時間約會。

男人可以隨時隨地發現約會對象，書店、酒吧、辦公室，他們總是發現自己可能感興趣的女人，然後約她們出去。

在這方面，我們大可以向男人學習。

酒吧、夜店這種地方，是最方便快捷的，幾杯酒下肚之後，就連平時最斯文的男生也會有勇氣和陌生女人搭訕，要電話號碼，約對方出去。但同時也要謹記，多數人只是尋找一夜情，而不是尋找終生伴侶。

想找到一個不抽菸、不酗酒、週末不會跑去看脫衣舞的男人，不妨嘗試一下我的五條小祕訣。

①向所有親友宣告妳現在單身，妳想要約會。如果有任何人看到任何還不錯的男人，介紹你們認識！

這個辦法雖然老土，而且看起來很沒有面子，實際上這是所有辦法中成功率最高的一種。妳的家人、親屬、好友了解妳，自然會把適合妳的人介紹給妳。

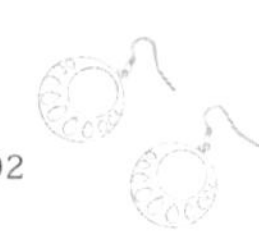

②多參加一些男人的活動，少去上兩節芭蕾課。

所有的男人都在健身房、網球場、高爾夫球場，旁邊跑步機上的男人很可能是妳的下一個約會對象，去上跆拳道課，妳或許是那裡唯一的女人！

多參與一些屬於男人的活動，妳想沒有約會都難。去潛水，去衝浪，妳會發現妳的世界裡到處都是充滿了性感體魄的優質男生，妳在他們中間，珍貴的像隻大熊貓。

③如果妳羞於四處公告又沒有時間精力去參加各種活動，不妨試試網路。

網路讓世界上幾乎所有的人都產生了連結，妳還在猶豫什麼？去找個聊天室，上千個人在那裡集體說話，妳還怕沒有約會嗎？

現在越來越多的社交網站，放幾張妳自己覺得不錯的照片，妳可以看看對方的資料、照片，慢慢挑吧。

④隨時隨地保持漂亮性感。

不要忘記，男人會隨時隨地找到約會對象，所以妳即使是下樓買個麵包，也該穿得漂亮一點——男人就是這麼現實。相信我，拎著籃子買東西的男人會注意到妳，同一棟樓的單身鄰居會注意到妳，甚至街上的路人也會注意到妳。

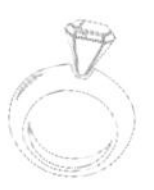

隨時隨地保持漂亮性感，結果就是坐飛機有人傳紙條給妳，去買菜有人主動幫妳提籃子，走在路上有人想認識妳，去上班同事下班就約妳去吃飯。

漂亮性感，這招一億年不變。

⑤讓他知道妳對他有意思。

男人約妳出去，並不一定是因為妳是他火辣動人的夢中情人，還有一種很大的可能：妳表現出來對他有意思。

八成的男人會和對他有意思的女人出去。

很多女人的男人緣很好，並不是容貌出眾，而是有足夠的勇氣。

「我喜歡你，我們出去約會吧！」

就算妳沒有妮可基嫚的美貌，也可以對男人放放電。

「我對你有意思」這招，如果操作得當，妳絕對會有一半以上的勝算。

6 讀懂男人心

發生關係之後，也不代表妳是他的女朋友。男人知道愛與性的區別，妳也應該知道。

男人第一次約會，都只是試探性的接觸，很可能只是喝一杯咖啡。如果他們對妳不感興趣，就會馬上消失。

如果男人在第一次約會就對妳動手動腳，或者言談中有性暗示，他一定對妳感興趣；要注意的是，他對妳的身體感興趣的程度，可能超過對妳這個人，或者他只是想和妳玩玩——想跟妳長期發展的男人，不會在第一次約會就在臉上寫「色情狂」三個字。

第一次約會之後，他又約妳出去，表示他對妳有興趣。

男人如果喜歡妳，他會提前一兩天打電話給妳，提醒妳約會時間。那些到了週五下午五點才約妳晚上吃飯的人，除非妳真的很餓或者很無聊或者很喜歡他，否則不去也罷。

男人如果喜歡妳，他不會介意妳在約會時點最貴的菜，也絕不會和妳ＡＡ制分帳單。

第一次約會不要發生親密關係。不管妳日後再怎麼解釋，他都會覺得妳是個隨便的女人。另外，如果第一次妳就把全部都給他，他以後還怎麼探索妳？

盡可能多讓他講話以了解他，妳的失敗戀愛史，先放到一邊吧。

如果喝咖啡，喝個有趣而簡短的咖啡，首先結束談話，等他下次約妳。如果吃飯，甜蜜而快樂的吃完飯，道謝然後回家。

大多數男人會同時與很多異性約會。在他沒有約妳喝咖啡的時候，妳大可以和別人喝咖啡。

如果妳想認真看清楚某個男人，而不是迅速建立親密關係，前三次約會，盡量避免去酒吧、夜店或派對。酒精和狂歡氣氛，很容易沖昏妳的大腦，做出各種超乎妳計畫的事情——這也是男人喜歡帶女人去酒吧、夜店或派對，並且給她一杯最烈的雞尾酒的原因。

如果他約妳共度週六晚上，表示他很喜歡很喜歡妳；如果週六早上兩個人分開之後，他又打電話給妳，表示他想和妳在一起；如果他週日打電話約妳，表

示他對妳感興趣；如果他週三打電話給妳，表示他對妳還算有興趣；如果他週五打電話給妳，表示他只是想找人共度週末。

發生關係之後，並不代表妳是他的女朋友；男人知道愛與性的區別，妳也應該知道。

如果一個男人告訴妳他想專心工作、他還沒有準備好、他配不上妳、你們不適合、他需要更多空間，妳最聰明的做法是馬上走開。

男人說「我稍後打給妳」，之後卻一直沒有打來，是因為他本來就沒有打算打給妳。

當他把妳以女朋友的身分介紹給別人的時候，不用欣喜若狂，只需要眨眨眼睛笑著說：「真的嗎？」

即使他公告天下妳是他的女朋友，妳也不用很快進入角色，開始替他打理生活——妳只是他的女朋友。

「我想妳」、「我愛妳」、「妳是我的生命」，甜言蜜語很動人，但還是多看看他實際做了什麼吧。他關心妳嗎？有沒有經常打電話給妳？與妳共享重大節日？把妳放進他的生活與未來？用「我們」的次數超過了「我」？

是妳在和他約會，不是妳的家人和朋友。所以，妳的朋友和家人不必都喜歡他，妳也不用急著去討好他的朋友與家人。

男人喜歡當個追求者。妳不用為他做一堆事情。給他機會讓他為妳做事，然後微笑致謝就好。

約會不等於交往，交往不等於相愛，相愛不等於結婚。除非他迫不及待的要和妳建立家庭，否則最好不要談論任何關於結婚和未來的字眼，好好享受約會帶給妳的快樂吧。

HOW TO BE SINGLE

十種妳應該
馬上甩掉的錯誤先生

有十種類型的男人，我稱之為「錯誤先生」。如果妳的他是錯誤先生，趕快離開吧。

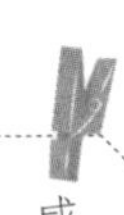

1 妳需要經常懇求的男人

感情的世界中沒有負負得正這回事。

總是妳要求見面約會，總是妳抓著手機等待，總是妳主動付出，妳總是要懇求他的時間和注意力，甚至妳必須要懇求他跟妳結婚。

當別人的男人甜言蜜語細心照顧的時候，妳卻必須打電話寫情書；當別人的男人帶著鮮花想好約會節目，妳的男人卻面無表情的享受妳煮的晚餐並且毫無謝意；當新年倒數計時，所有的戀人都在擁抱親吻，妳的男人卻不知道在哪裡和誰鬼混；當妳的朋友們都有了家庭和孩子，而妳的男人卻從來沒有一點點要和妳結婚的打算……

妳有沒有想過，也許妳值得更好的？

不要安慰自己有個男人總比沒有好，這個男人理所當然的享受妳的愛，卻自私的沒有半點回饋，不關心妳的感受，也不關心妳是否快樂。

妳真的要用妳的餘生去懇求他的愛？把妳所有的時間用在等待他的來電？

茱莉對麥克一見鍾情，約他，送禮物，照顧他。最後麥克接受了茱莉，因為茱莉對他真的很好。兩個人交往的前幾年，茱莉是最好的女朋友，煮最好吃的食物，照顧麥克和麥克的狗，但麥克總是漫不經心，茱莉忍受著一切。

在茱莉好朋友的婚禮上，茱莉暗示想要婚姻，但麥克清楚的告訴她，他不打算娶她。於是茱莉決定和他分手，但沒多久總是又回到麥克身邊。

「再過幾年，他就知道我有多難得，離不開我了！」

反反覆覆糾糾纏纏了三年多之後，他們還是分手了。

兩個月之後，麥克結婚了，當然，新娘不是茱莉。

又過了兩年，茱莉重新開始一段感情，這次的男人處處以她為重，把她當成女王對待。茱莉告訴我，「現在我才知道，以前的我過著多麼悲慘的生活。」

他的時間和注意力都是妳求來的？親愛的，他根本不愛妳，離開他吧。

妳遲早會遇到一個懇求妳的男人。

2 以任何方式傷害妳的男人

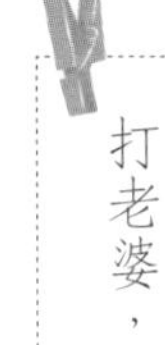

打老婆，豬狗牛。

最惡劣的是肉體傷害。不要以為這只會在電視上發生，荷莉貝瑞都被前夫打聾了一隻耳朵。前一分鐘他可能還是個彬彬有禮的男人，後一分鐘突然對妳揮舞拳頭。

是啊，他不打妳的時候，對妳很好，很大方，也很照顧家庭和孩子；每次打了妳之後，他會買禮物道歉；也許是妳做錯了什麼事情，他才會憤而動手？

在第一個耳光到來之後，妳能做的事情，就是收拾東西轉身離開——不建議妳和他打起來，多數情況下我們打不過男人，打鬥只會讓形勢更惡化。

不要相信他保證不會再對妳動手，資料調查顯示，打妳一次的男人絕對會打妳第二次，而且一次比一次嚴重。

妳怎麼那麼笨？妳是我見過最大的白癡！為什麼妳胖得像頭豬？這些言語上的傷害，或者當眾給妳難堪，從來不聽妳的想法，一有機會就出去鬼混等等精

神上的傷害。

總而言之，他傷妳的感情，傷妳的心。

和他在一起，是因為愛他；他根本不珍惜妳，他傷害妳的愛，他傷害妳的感情，還有比這個理由更值得離開的嗎？

3 偷竊、賭博、吸毒的男人

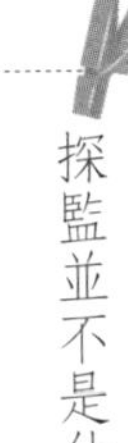

探監並不是什麼有趣的事情。

我知道妳相信愛情萬能，愛情可以讓枯木再春，讓植物人甦醒，只要妳持之以恆，不管是什麼問題，他一定會為妳感動、為妳改變。

愛可以拯救一切！

最後，他一切照舊，而妳年輕美好的生命全部消耗在一灘爛泥上，驀然回首，除了後悔當年怎麼會那麼白癡之外，再也沒有任何值得回憶的事情。

妳為什麼要和一個罪犯在一起？除了驚慌、害怕、提心吊膽，他能給妳什麼別人不能給的？

或者，他有其他的道德、心理問題。

他總是不開心，永遠處於情緒低潮，不管妳做了什麼他都不快樂；他嫉妒心與控制慾超強，完全不給妳任何空間；他性癖甚至性取向有問題；他愛慕虛榮，為了名利可以犧牲一切……

也許妳已經發現了這些讓妳痛苦傷心的源泉，戀戀不捨的只是你們最初的美好記憶。

親愛的，妳從一開始就選錯了人，還要繼續錯下去嗎？

難道非得要痛得死去活來，妳才認為那是一段愛情？

是的，有的時候，堅持不是一種美德。

不要堅持浪費妳的時間，自尋煩惱。

快逃啊，小女孩！

4 已婚男人

如果每個女人都不當小三，就沒有女人需要擔心小三。

應該沒有女人喜歡當小三，但總會因為這樣那樣的原因當上小三。也許妳覺得自己不會認真，剛好有空，玩玩而已。

當年我們都曾經驕傲自信，肆無忌憚，仗著年少青春，完全不在乎另外一個女人的感受；至於傷害別人，我們不是沒有良知，惡意為之，而是根本沒有想到這樣的報應——十年二十年之後，就該妳獨自在客廳等待夜不歸宿的男人。

何必把妳的快樂建立在別人的痛苦上？

也有可能，他欺騙妳，在妳和他愛得死去活來的時候，他才告訴妳他有個家庭。

可以殺了他嗎？無恥的、自私的大騙子！現在他這樣騙了妳，之後還會同樣去騙別人，新的女朋友，現在的太太。要命的是，仍然會有女人繼續相信這個男人……我有個朋友蒂娜就是這樣單純善良的女生。

「因為妳太好了！我太喜歡妳了！我如果告訴妳，我們一定不會在一起！」

在對方痛苦的哭訴和哀求之後，蒂娜重新接受了對方，唯一的條件是：離婚和她在一起。對方滿口答應，說一切都在辦理之中……接下來辦理了四年，男人始終還是別人的老公。

不管是年齡、背景、婚姻狀況，如果男人從一開始就欺騙妳，就不要期望他接下來對妳有多誠實。

最後，也許妳以為終於遇到了生命裡的那個人，只是不巧，他已經結婚了；所以妳想賭一把，把他搶過來？

太不幸了。妳的愛情，注定充滿了嫉妒、疼痛、眼淚。

雖然不是完全沒有希望，但妳搶贏的機率實在不高，在多次眼淚對眼淚的談判、元配出現的惡鬥、冗長的離婚惡夢之後，對方確實有可能被妳搶到手；但，更可能發生的情況是，妳付出妳的身體與愛情甚至一切，對方享受了偷情的刺激快感，你們結婚之後妳能給他的，多數情況下和元配沒有太大區別。

事實是男人即使離婚，也很少和小三結婚——管家婆剛剛甩掉，為什麼要迫不及待的又找一個？

最後的最後，他們會找一個不知道自己惡劣偷情歷史的女人結婚，他們把這個叫作「重新開始」。

記住，他能背棄傷害之前的愛情，就能同樣背棄妳。

5 始終懷才不遇的男人

天地不仁，以萬物為芻狗。

幾千年來，男人負責養家，女人負責顧家。到了現代，女人可以不做全職家庭主婦，有工作和收入，獨立生活，不用依賴男人；甚至有些經濟優越的女士完全不用在意男方的經濟條件，只要她喜歡。

長期失業沒有工作的男人，連一張情人節卡片都要從我們口袋裡拿錢去買——好吧，只要上面的情話寫得有新意。但，理想的愛人，總是互相依靠的。妳想依靠他？門都沒有。

金錢這個時候就很有力量，除非妳能保證自己和他永遠不會為了生活擔心。妳確定妳扛得住嗎？沒有抱怨沒有指責——如果常常有，那就不是快樂的愛情。

我沒有說妳一定要去找個金龜婿，但找個和自己背景相當的男人，至少能讓日子少一些埋怨和指責，這總是好的。

6 用金錢和孩子控制妳的男人

錢不是萬能，沒錢卻是萬萬不能——問題是，誰跟妳說妳會沒錢的？

妳要錢還是要命？

相信我，我非常了解金錢的魅力，但，我也非常了解自由的快樂。

妳住在漂亮的大房子裡，旁邊卻有一個妳根本不想看的人；房子再大，因為妳實在不想看見他，對妳來說也小。漂亮華麗的衣服，穿給自己不喜歡的人看；可口美味的食物，坐在對面的男人卻讓妳想吐。妳看起來像是個有錢人，但是妳不能決定怎麼樣用妳的錢。妳的身體，妳的時間，妳的一切，不自由也不快樂，妳美好的生命，因為這個人的存在而變得無趣。

離開他，並沒有妳想的那麼悲慘。

或許妳會住在小小的房間裡，但房間卻是妳的世界，妳可以隨時去做任何妳想做的事情。妳沒有昂貴的名牌服飾，但自由的快樂會讓妳不管穿上什麼衣服都容光煥發。也許妳不能每天享受昂貴的美食，但是少了那些東西，妳也不會餓死，因為依舊有很多平凡的美味等著妳。

離開他，妳不會死，妳的生活反而會更美好。

另外，孩子永遠是個重要的原因。

首先問問自己，妳是因為孩子而留在他身邊，還是把孩子當成畏懼改變的一個藉口？

在單親但是充滿愛的家庭中成長的孩子，他們的心理素質和快樂指數，都比雙親健全卻每日爭吵哭泣冷戰的孩子要高得多。

7 妳實在不能忍受和對方上床的男人

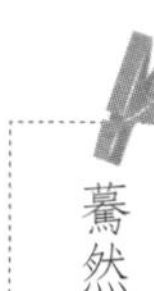

驀然回首，三十公分竟在燈火闌珊處。

上床的意思和性能力無關。他不一定要有多麼誇張的器官，不一定要有比妳還大塊的胸肌，或者擅長多種技巧，他可以是一個不怎麼樣的做愛對象，但妳就是願意脫光了衣服和他親熱。

當然，因為糟糕的床上表現就離開這個男人的事情也經常發生，尤其是，妳想到妳可能會和這個人結婚，餘生都要過這麼差的性生活，妳甚至不能保證不會出去偷吃——那就早點離開他吧，不要折磨自己，也不要虐待別人了。

比這更可怕的是，他什麼都很好，是一個無懈可擊的做愛對象，但是妳就是不願意和他做愛，不能忍受他的舌頭放進妳的嘴裡。

大步離開吧，到這裡實在是沒有什麼可講的了。

8 如果妳覺得對方實在是很無聊

不如這樣吧，各奔前程，好過在一起無聊。

溫蒂結婚八年，突然發現老公變成了一個陌生人。

工作受傷之後，男人藉口養傷乾脆不去上班，時間全部用來看電視、喝啤酒、睡覺，他說：「很多人都是這麼過日子，拿著政府的補助金生活，幹嘛要把自己的生活弄得那麼辛苦？」

溫蒂開始厭惡男人蹺在桌子上長滿汗毛的腿，帶著酒味的呼吸，甚至吃東西時候張嘴的樣子。

然後她意識到，該離開這個男人了。

如果妳覺得他無聊到妳已經不能忍受，他的人生觀、價值觀、他所有的一切妳都覺得無聊無趣到頂，那就離開他吧。

人生很短暫，及時行樂很重要。

9 對家人和朋友不好的男人

他不是不愛妳，而是不愛任何人。

在妳認識他之前的那麼多年，那些在妳身邊陪伴妳、照顧妳、和妳分享快樂和眼淚的人，是妳的家人和朋友。和男人相比，他們更穩定，幾乎永遠不會離開妳，永遠是妳的依靠和肩膀。

如果妳選擇的男人對妳的家人和朋友不好，那麼他不夠愛妳。如果他愛妳，他會感謝這些人為妳所做的一切，因為這個原因愛這些人。

離開他吧。

他對妳做的，他能給妳的，可以抵得過家人朋友這麼久以來的陪伴嗎？沒腦袋的小妞才會和一個毆打自己父親的浪子私奔，然後過著淒慘悲苦的下半輩子——她們自找的！

琳達跟杰分手了。

「我不相信一個人可以這樣對待自己的母親。」琳達這樣跟我說：「他住著豪華公寓，開著名牌跑車，全世界到處旅行，卻把自己的母親扔在郊區的破舊養老院──他家附近就有很多很好的老人會館！」

如果不是琳達堅持要見見杰的家人，她根本就不會知道杰這樣對待他的母親。養老院的人說，杰這幾年來，一次都沒有去看望過他的母親。

妳對他的愛和貢獻，能超過他的母親嗎？誰知道他會不會有一天也把妳扔進養老院，甚至更糟？

事實證明琳達做對了，杰後來結婚了，他老婆過得很慘，離婚的時候幾乎是兩手空空被趕出了家門。

一個對待自己家人都不好的人，永遠不要期望他會對妳好。

10 控制慾過強的男人

好男人就像是紅牛——給妳一對翅膀。

他總是不讓妳做這個，不讓妳做那個，不讓妳穿妳喜歡的衣服，不讓妳說自己想說的話，不讓妳見妳的朋友，不讓妳去妳想去的地方，不讓妳吃妳想吃的東西，不讓妳過妳想過的生活。

離開他吧。

愛情是為了快樂，如果身邊的人反而讓妳不快樂，留下來幹嘛？

有的時候，男人並不會做得那麼明顯，他不是板著臉很凶的命令妳，而是用一些別的藉口，「這樣是為了我們兩個人好」，「愛是需要彼此改變的」，反正到了最後，妳都得從了他。

為了愛人，我們或許可以改變；但妳要問問自己，他值得妳為他改變那麼多嗎？他值得妳完全丟掉自己，變成他想要的那個人嗎？

離開他吧。

好的愛情，會帶妳實現妳所有的夢想，或者變成妳追求夢想的翅膀；不好的愛情，阻止妳的夢想，阻止妳得到妳想要的所有東西。

單身不可怕；每天不快樂才可怕。

在找到那個讓妳更快樂的人之前，妳完全可以單身並快樂著。

在找到那個讓妳更快樂的人之前，妳必須學會如何單身並快樂著。

HOW TO BE SINGLE

結婚前的那些關係

死會可以活標，結婚可以離婚。
在妳沒有真的確定之前，所有妳以為有關係的關係其實都沒有關係。

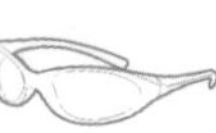

1 告白以一次為限

向男人告白並不丟臉，丟臉的是向同一個男人告白第二次。

妳喜歡那個人，卻不敢和他說話，想發簡訊給他，到了最後一秒又刪除了。左想右想，怕他輕視妳，又怕哪句話說不好讓他不開心，更可怕的是，對方收到妳的簡訊卻沒有回應，在忙？忘了？還是對妳沒興趣？多尷尬。

不喜歡的人，妳可以在他面前隨便講一些五四三，喜歡的人則是妳的死穴，不敢動，不敢碰，見了面就臉紅，關鍵時刻就失控，小腿抽筋，彷彿在受刑。

試著發個簡訊給他吧。

午夜也沒有關係，超過一點也沒有關係。

親愛的劉德華：

今天天氣很好，我心情很好，突然想起你，你好嗎？

親愛的金城武：

最近有部電影很好看，我有兩張票，你要去嗎？

親愛的吳彥祖：

我覺得你是一個很有趣的人，我們去喝個咖啡吧？

傻子都知道妳在想什麼——女生做到這樣，已經是很明顯的暗示了。

告白，永遠不丟人，需要謹記的重點是，僅限一次。

談一場對方不知道的戀愛，是件很白癡的事情；對方收到妳的邀請卻沒有回應，妳持續表白或追求，則是件更白癡的事情。

他喜歡妳，他一定會被妳約出去。

如果對方完全沒有回應，但妳還是喜歡他，那妳就一邊忍一邊等，直到某一天忍無可忍，就放棄吧。

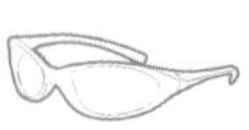

2 必須先問清楚的事情

謊言總有被識破的一天，只怕識破得太遲了。

有些事情，前面不急著問，中間想問忘了問，後面終於問出口，卻已經來不及了。

他不可能有女朋友。他不可能有老婆。

如果他有，為什麼從來沒有聽他說過？為什麼他家看起來是一個單身男人的家？為什麼我沒有聽過半夜有女人打電話給他？為什麼他要和我單獨見面？為什麼為什麼為什麼為什麼？

可是……

聖誕夜他為什麼沒有約我？他為什麼三個星期沒有跟我聯絡？

妳徬徨，妳無助，妳困惑，直到高人提醒，或者妳突然腦袋撞到牆，靈光一閃，終於問出口：「你有女朋友嗎？你結婚了嗎？」

答案是肯定或者沉默。恭喜妳光榮中獎！

我有個朋友裘莉，就中過一次獎。熱戀半年之後，才知道對方十年前就已經結婚了，老婆在外國，手上也沒戒指，家裡一副單身男人的狗窩樣，誰能猜得到？

裘莉痛徹心扉，卻捨不得，拋不下，就像一隻撲火的飛蛾。

對方愛裘莉，但他不打算離婚：「我跟我太太一直有問題……但是為了孩子，我沒有辦法離婚……我們還是可以在一起……」

「妳知道妳正在浪費妳寶貴的青春年華嗎？」我嘆了口氣，跟裘莉說。

有的時候，對方只是彬彬有禮的紳士，照顧妳這個女士，而不是別有用心；或者，對方有對象，但欣賞妳，喜歡妳，願意和妳有交集，做好朋友。

嗯，至少這個男人人品沒有問題，你們可以做好朋友。

但是，如果妳是單身，而且想和他發展一段關係，那麼，即使只是第二次吃飯，也應該把這件事情問清楚。

如果對方目前沒有對象，恭喜妳有了新對象；如果對方有對象，更該恭喜妳，因為妳多了一個好朋友。

3 友達以上，戀人未滿

從好朋友變成戀人的好處是：他不可能在妳面前更糟了……應該。

「從好朋友變成情人，然後一邊做好朋友一邊做情人，光是想想都銷魂啊。」

星期六的下午，星巴克，我輕啜了一口伯爵紅茶。

聽到「好朋友」這三個字，我對面的茱莉安神情驟然專注，問我，「轉變的關鍵是什麼？」

茱莉安和麥克已經做了很久的好朋友，她對他心動了，卻卡在那裡，不知道何去何從。

一方情傷失意，一方苦苦安慰，就此天雷勾動地火？

某個醉酒的夜晚，醒來後頓然醒悟，發現對方才是真命天子？

故事沒那麼戲劇性，茱莉安跟麥克真的是很好的好朋友，兩個人可以一起出去玩，睡在一張床上，中間放一個枕頭，然後兩個人一起禽獸不如到天亮。

正在談話間，麥克打給茱莉安，說：「我明天幫妳介紹一個男朋友！」

茱莉安糾結了，看著我，問我該不該做最後一搏——今晚把麥克約出來，穿辣點，最好上露事業線中露人魚線下露生產線，幾杯酒下肚，來個餓羊撲虎……

我嘆了口氣。

旅行讓人放鬆，又浪漫，兩個人居然可以一覺到天亮？要嘛麥克完全不把茱莉安當女人，要嘛把茱莉安當成女皇。再說，麥克興致勃勃幫她介紹男朋友……告白成功的機率實在不高啊。

不過我還是支持茱莉安衝一下。與其忐忑不已，不如說個清楚。

和暗戀比起來，失戀可以很簡單、明快、開心。

好萊塢最愛拍好朋友電影。「當哈利遇上莎莉」、「新娘不是我」、「電子情書」，兩個最適合的對象一直在彼此身邊卻渾然不覺，甚至惡目相對，直到兩人一起快樂悲傷了很多事情，變成了最好的朋友之後，才猛然發現心中的愛意。

我始終認為：戀人，應該是最好的朋友。

有些戀愛，講究距離，在乎迷戀。

距離難以把握，一不小心就成了疏遠；迷戀易逝，有誰會二十四小時發瘋

似的想妳？

從朋友變成戀人，穩穩當當，可以持久。

他知道妳愛吃的菜，妳知道他為什麼皺眉頭，他知道妳眼睛一亮的原因，也許你們還會有共同的興趣愛好和朋友圈，有話題、有爭論、有愉悅。

最後，我給茉莉安兩個方案。

A，把自己灌個半醉，衝去表白。

B，保持每次漂漂亮亮在他面前出現，叫他陪看電影陪吃飯陪聊天，繼續做好朋友，對他笑，依賴他，擁抱他，看他上不上鉤。兩個月之後，如果還是原地踏步，那就不用忙了。

4 愛上一個不愛妳的人

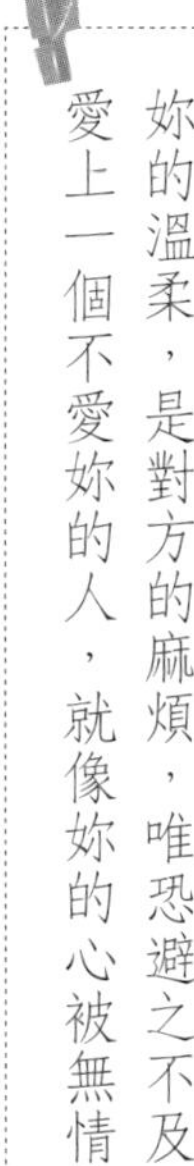

妳的溫柔，是對方的麻煩，唯恐避之不及。
愛上一個不愛妳的人，就像妳的心被無情的踩在地下。

H小姐喜歡C先生。

她每天發簡訊給他，他回得越來越慢。

她送禮物給他，他收了禮物，卻沒有半個謝字。

她約他中秋連假去旅遊，他說他剛好要去泰國度假。

她問他為什麼，他說她對他太好了，好到他不能負擔。

是的，如果對方不愛妳，妳的深情，會造成他的負擔。

情意綿綿的簡訊，別人看到只會覺得麻煩。

妳精挑細選甚至親手製作的禮物，對方都懶得打開看一眼。

愛上一個不愛妳的人……

難道妳還不明白？

是的，很多人始終不明白，於是繼續堅持付出，直到對方堅定拒絕，請妳

離開他的視線，妳才肯抱著殘碎的心，淒然離去。

醒來吧，如果對方不能負載妳的深情，就不是一場愛情。

5 男人總是在和不同的女人約會

因為女人太多，時間太少，所以男人興致勃勃的去每個約會。

對話簡潔明瞭。

A：三十四歲，男性，台北。

B：二十九歲，女性，台北。

A：妳對休閒娛樂感興趣嗎？

B：你指的是什麼？

A：沒有關係的關係。

B小姐關掉了對話框，走在車流穿梭的路上。男女間的休閒娛樂，以前叫一夜情，現在比較直接，叫約砲。

相比於一些人結了婚還出來裝單身鬼混，第一次對話就能把這件事情講清楚，是值得感謝和尊重的。如果妳也願意，大家各取所需，不開心就一拍兩散。

也不能怪男人整天想著性，有個男性朋友曾經跟B小姐這樣說過：「我最怕接近三十歲的女人，一心只想著結婚，即使男人是頭豬，只要他手上有戒指，女生也會嫁給他。」

這個話題深深觸動了我。

我也是個漸漸不年輕的女人，我知道自己要什麼，我不再每天沉迷於派對、香檳、宿醉之間，我開始愛惜自己的時間，建構自己的人生。

問題是，B小姐從來沒有試過一夜情。但是在被二十九歲的結婚故事羞辱，以及到處遇到對她只求一時享樂的男人之後，晚上，B小姐重新打開對話框。

B：好。怎麼約？

如果這件事情可以讓妳愉悅，為什麼不做？

除了工作之外，妳有很多空餘時間，為什麼妳總是把自己關在家裡？

妳可以和A去看最新的電影，和C去妳喜歡的演唱會，和D去試吃一間新餐廳，和E在路邊唱唱跳跳，和F去健身。

如果妳從來沒有嘗試過某些事情，每天除了工作就是在家，親愛的，妳太

嚴肅，太無趣，太絕望了。

認真對待別人和認真被別人對待，是高貴和值得尊敬的。

如果對方真的很有趣，妳又剛好有空，為什麼不放鬆一下？

不過，放鬆的方式，妳說了算。

6 沒有承諾

如果對方不願意接，妳為什麼要把繡球丟給他？

不要向男人要求承諾，除非他自己對妳說。

很消極但很現實。

不要相信對方的任何承諾，因為承諾有兩種：一種是撒謊，另外一種是他不知道自己在撒謊。

但，妳和我就吃這一套，就算再聰明懂事的女人也一樣。

每段關係開始的時候，女人都會忍不住拋出繡球。

「你想我嗎？」

「你怎麼看待我們之間的關係？」

「你是認真的嗎？」

「你可以陪我多久？」

所以，花言巧語的男人總是可以追到很好的女人，法國男人就很會這一套，

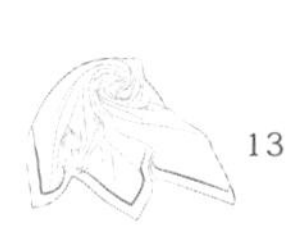

「看到妳，我的頭上就有兩個太陽」，「我每一分鐘都在想妳」，相比之下，「變形金剛」裡面那個緊張到用腦袋撞車還裝著不在乎的美國小宅男，能夠追到那個辣妹，實在是運氣太好，如果不是大黃蜂與柯博文，他追到辣妹的或然率小過於零。

但是，一個不肯說「我想妳」或者「妳願意嫁給我嗎」的男人，肯定不是最好的選擇。最無趣的事情就是，他在妳的要求下回答「是的，我想妳——妳滿意了嗎」，或者像經典電影那樣拿出戒指，說，「好，妳贏了」。

不是不喜歡他，只是這麼求婚，怎麼嫁給他？

一個滿口承諾的男人，也不是好選擇。不要怪男人都是騙子，因為女人天生會被承諾和鮮花打動，於是男人不得不開始學習貢獻這些東西。有的時候，他們變成說謊高手是被逼的。壞男人和好男人都是女人造出來的，看男人運氣好不好而已。

男人不說，一定是有理由的，有可能是還在觀望，或者是隨便玩玩，另外一方面，他有沒有想妳，和他有沒有告訴妳他想妳，完全沒有關係。

對方做了什麼，勝過對方說了什麼。他說自己很認真？他有沒有關心妳的

生活？他有沒有帶妳進入他的生活？他有沒有做一些讓妳高興的事情？他願意和妳共度節日嗎？他有沒有考慮妳的感受？他有沒有把妳放進他的人生計畫？

如果都沒有，不管妳和他有過多麼美好的瞬間，妳也該明白，妳只是他人生中的過渡篇章，而不是大結局。

承諾是沒有用的，除非妳把它寫成合約當成日後的呈堂證供；讓他的行為決定你們的關係，而不是他的答案。

多數情況下，女人不該是給出承諾的那個人。

當然，如果一段關係內一直沒有承諾，要嘛兩個人夠信任夠聰明，或者有一個人白癡。如果覺得自己智力有限，還是選擇簡單清楚的關係會比較開心。

承諾不是萬能，沒有承諾則是萬萬不能。

7 男人的話

如果男人告訴妳，他是一個喜新厭舊的人，就不要驚訝他某一天甩了妳。

A男約女人出去。

女人說：「不可以，我和別人正在約會。」

A男大笑：「不用擔心，我和很多人正在約會！」

女人吃了一驚，把這件事情告訴約會對象B。

B男搖搖頭，「身為一個成熟男人，我是不會這麼做的。」

女人有點開心，問：「因為成熟男人閱人無數，知道自己要什麼？」

B男說：「不，成熟男人才不會告訴女人他正和很多人約會呢。」

親愛的，如果妳的男人對妳說這種話，當個淑女，不要把水潑到他的臉上，但妳應該清楚明白的告訴他，「如果你是真心這麼想，我不會再見你了。」

被男人騙很慘，如果男人連騙都不肯騙妳，更慘。

出去和別人約會吧，多聽男人說，多學一點東西吧。

8 裝聾作啞

太極的精髓就是以柔克剛，後發制人。

有個朋友遇到感情問題，打電話給我，把所有事情描述了一遍。
上週吃飯約會，這週牽手逛街，但對方對這段關係的態度一直曖昧不清。
「他到底是什麼意思？喜歡還是不喜歡？」
我告訴她：「看不清狀況的時候，不妨裝聾作啞。」
手都牽了，雖然沒有說，但他肯定知道妳不討厭他，有機會追到妳。
保持沉默，讓被動變成一種主動吧。
如果沒有下文，這表示他不夠喜歡妳。
裝聾作啞沒什麼不好。
遲早有一天，妳會遇到主動牽著妳過馬路的男人。

9 為什麼他沒來電？

不用太在意，也不要不在意男人的那些小事情。他們習慣了只做，不說。

有個朋友打電話給我。

她認識了一個男人，兩個人第一次見面就對彼此相當有好感，第一次約會結束，他送她回家，路上他們牽起了手。

第二天他打電話給她，說想和她見面，兩個人去了夜店跳舞喝酒，在計程車上牽手，在她家門口吻別。她問他是不是喜歡她，他說喜歡，他明天再打給她。

第三天，她沒有等到說好的電話。

第四天，第五天，她魂不守舍地等電話，有些生氣，也開始檢討自己。夜店那天是不是喝得太多了？自己說錯話了？還是自己和別的男人說話，他介意了？她不解，她想念，然後走火入魔，跑去購物，還買了一大堆減肥食品。

親愛的，違背諾言自然是他的不對，但他沒打給妳，必定有他的原因。

或者妳不是他的菜，或者他不想太快發展正式關係，或者他還在和別人約會。

無論如何，不要為了他擾亂妳的正常生活，不要在這段時間內與不喜歡的男生約會，或者酗酒。

找個朋友陪妳吃飯、喝酒、跳舞、發發牢騷，買些新書，收拾房間，或者買點新衣服——但是不要換髮型，不喜歡的衣服可以不穿，髮型換了很難復原。

做一些能轉移注意力的事情，一些妳做得很好可以找回自信的事情，否則，挫敗感會越來越強，直到把妳吞噬殆盡。

男人其實就是一頭驢，牽著不走，打著倒退。

既然他之前主動約妳，多少也是喜歡妳的。他當然知道他沒打給妳，但妳追上去，只會讓他一方面自我感覺良好，一方面又更厭倦了妳一點。

妳的若無其事，反而會激起他的好奇和征服慾——永遠不要忘記男人在征服中得到快樂以及愛上妳。

不要覺得妳在戀愛，也不要覺得妳失戀了，這就是一段小插曲，你們的戰爭才剛剛開始——但是一個失約的電話，如果沒有非常好的理由，一定不是一個好開始。

如果他沒有再打給妳，不要打給他問為什麼，沉默就是一種答案，妳不用

衝上去讓大家尷尬。如果他再打給妳，甚至約妳出來，如果妳還喜歡他，開心冷靜赴約，注意並且改進妳上次的問題，並且看似很無意的提起妳等過他的電話。

他在身邊的時候，妳可以溫柔微笑；他不在身邊的時候，妳一定要獨立快樂。

他在身邊的時候，他可以是全世界；他不在身邊的時候，全世界就沒有他。

10 要開心還是要承諾？

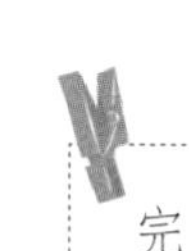

完全不騙妳的男人，最聰明、最殘酷。他一開始就把底牌擺在桌面。

Z小姐和一個男人交往三個月。這三個月，他們約會、吃飯、見朋友、做愛、買禮物給對方、過生日，每週黏在一起五天，看不見對方的時候會傳簡訊和甜言蜜語，**我喜歡妳、我也喜歡你，我想妳、我也很想你。**

什麼都很好，除了沒有任何承諾。

「在朋友面前，我們以男女朋友互相介紹，但是私底下，我問他，我是你女朋友嗎？他說他要想一想。」Z有點憂鬱：「我曾經想過我們的問題。朋友圈不同，興趣嗜好不同，價值觀有差異……沒想到所有問題都不是問題，反而最基本的問題，他始終不肯說。今天晚上我打算找他攤牌。」

凌晨，Z打給我彙報進展。

男人說，「我喜歡妳。我不是不想當妳男朋友，但我想多看一陣子，看看彼此夠不夠match。」

Z說，「我又不是叫你現在娶我，當個男女朋友有那麼難嗎？我不在乎也不要求天長地久，我只想確定你是我男朋友。」

兩個人談了很久，男人始終不願意說，最後告訴Z：「總之我還沒有想好。如果妳不願意再和我見面，我能夠理解。」

這件事，往好的一面看，男生尊重Z，至少沒有對她撒謊；另一面，男人的理智和尊重讓Z心碎了，我想，Z可能寧願男人騙她一下，哄她一下。

三個月，所有男女朋友該做的事情都做完了，甚至比很多的熱戀男女要更親密更浪漫，男人卻始終沒有承認Z是他的女朋友。

要怪，就怪為什麼妳不是他女朋友，卻做男女朋友才做的事情。

一切都有了，除了承諾。

妳要什麼？要開心還是要承諾？如果妳要的是承諾，那麼，妳該離開了。

甜蜜美好三個月，對方連一句承諾都不願意給，留下來又如何，妳已經做不到更好了。

離開，他也許還會想起妳的好。

HOW TO BE SINGLE

愛情客戶服務條款

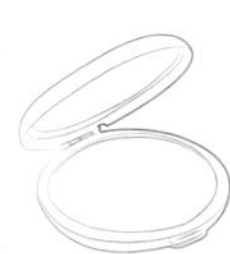

沒有這種東西。

沒有客戶服務電話，沒有七天鑑賞期，沒有退換貨。

妳該做的，就是張大妳的眼睛——或者緊緊閉上。

1 愛情人力銀行

不管鞋子多漂亮多昂貴多名牌，不合腳，痛的只會是妳。

我有很多女性朋友，每個人對男人的要求都不一樣。

「身高至少要一百八，相貌俊朗、乾淨斯文、健康陽光，像裴勇俊那樣。」

「希望自己經營中小企業，或者年薪百萬以上，細心、溫柔、擅長溝通和傾聽……」

「不能屬牛、蛇，屬豬的優先，射手座和白羊座不要，摩羯座優先！」

聽著這些要求，再看看朋友們的長相和資料，我只能深深深呼吸，感覺男人壓力山大。

帥？重要嗎？帶出去很有面子沒錯，可是愛情是兩個人的事情，帥男人把時間花在弄頭髮、衣服，還有多少心思給妳？大部分外表條件好的男人都不知道怎麼照顧別人，他們從小受寵，不用追求異性；不僅如此，妳可能還得擔心他總是忙線的手機。

事業有成？這當然很重要，CEO、小老闆、年薪百萬，但是一個人的時間有限，妳能忍受男人每週在外面應酬六天，加班的時間超過陪妳的時間，每天回家累得只剩一口氣，更不用說他們要應付這種問題，或者有更高的生涯規畫。

星座和生肖？我個人對此沒有太大的看法，妳高興就好……

看來看去，只有「細心、溫柔、擅長溝通和傾聽」，算是個聰明的要求。

當然，不是她們的要求太高，每個人都有夢想。

但如果是我，我大概只會有三個要求。

可以讓我笑——開心最重要。

有一雙健壯的手臂和溫暖的胸膛，每個夜晚都能緊緊的擁抱我。

永遠不要離開我——這條最難……

就算真的有愛情人力銀行，應該也很難滿足這三個要求吧。

2 每週一次

交往前期，每週見一次，剛好。

妳有六天可以想這個人好不好，這個週末該不該再見。

年輕的時候，戀人們一定是形影不離的，恨不得變成對方的智慧型手機，走到哪裡帶到哪裡用到哪裡。

成年之後，經歷了太久的單身生活，真的出現什麼人，共度一夜，醒來想到的第一件事情，居然會是快快回到自己的世界。

張曼玉驕傲的說，「我跌進戀愛裡，就是每天二十四小時，每週七天。」我沒有她這麼勇敢，大多數時候，我只允許自己跌進去一個晚上。

和一個人連續見兩個晚上都沒有逃走，這是一件大事情。

有一種界定男女關係的說法：如果你們只在週末見面，平時不怎麼聯繫，那你們只是在約會，而不是戀愛。

週末，大家都有空，在一起打發時間無妨；戀人是每天想念的，愛的時候，

如果可以，每天都要見的。

每週見一次，他只占了妳七分之一的時間或者更少，如果週六約會，可能很開心，也可能不開心，但妳還有週日可以處理情緒，甜蜜或生氣。週一可能還有些餘波盪漾，妳忙自己的事情，同時在某個瞬間突然想起他。週二，風平浪靜。週三去健身，順便答應了一個週末的晚餐聚會；週四，妳的朋友的男朋友要介紹他最好的朋友給妳認識；週五，很久沒見的朋友約妳喝咖啡……

又到了週末，妳又是那個刀槍不入的單身貴族了。

約會？好啊。

不約會？也可以啊。

每週見一次，戀愛卻不狂熱——誰說這樣不好呢？

難怪越來越多的戀愛指南都教我們每週只見一次。

當然，如果妳遇到一個人，每分每秒都迫不及待等著下一次的約會，那麼恭喜妳，妳戀愛了，勇敢的再跌進去一次吧。

3 幽默的力量

最後一次抱怨？嚴肅的談判？默不作聲的消失？試著用幽默來結束這段感情吧。

東方文化實際上是不流行幽默的，女人從小就被教育要斯文有禮貌，所以長大之後受了委屈，總是以自虐的方式發洩，鑽進床上痛哭，或者眼中含淚，微微低頭，讓旁邊的男人抓心撓肺，覺得自己對不起國家社會。

哭有用嗎？投訴有用嗎？抱怨有用嗎？

第一次或許有用，到了第三次，他就恨不得把妳像電腦一樣關掉。

抱怨他做什麼？逼他內疚對妳有什麼好處？

像個討債人一樣的臉孔，妳不喜歡那樣的自己吧。

第一次賭氣是真情流露，第二次落淚是遺憾心痛，到了第三次，稍微聰明一點的女生都應該知道，妳選錯人了。

這個時候，用幽默來收場吧。

他覺得妳脾氣太差不體諒他，妳可以微笑回答，「今天的客服人員已經下班了，如有留言，請寄去那裡。」然後指指門口的垃圾桶。

他寧願和同事喝酒也不跟妳約會，妳可以笑笑回應，「謝謝你讓我理解到同事比約會重要，我決定每個週末都和同事聚會。」

他和別的女生搞曖昧，妳可以羨慕的問：「下一個幸運的女人是誰？」

他再也沒有出現，妳應該開心。

妳又可以穿上他不喜歡的衣服和高跟鞋了。

再也不用絞盡腦汁去找帽T裝年輕了。

再也不用吃他愛吃的難吃漢堡了。

再也不用去ＩＫＥＡ買特價商品了。

再也不用煮兩人份的晚餐了。

又可以卯起來盯著帥哥看了……

以上省略三十條。

強烈建議，妳應該多看一點笑話，多學習一點幽默，在所有不太好玩的時候，幽默會化腐朽為神奇，讓妳覺得人生快樂而充滿趣味。

4 消失的男人

很多時候，不是妳不好，而是你們不適合。

兩個月之前，我的朋友D遇到了一個女人。

他們在一間夜店認識，對方是俄羅斯人，三十上下，對方很友善，他們聊天，聊了很多有趣話題，最後他們去了她家，他們有了一個愉快而滿足的夜晚，隔天早上，女人幫D煮早餐。

之後他們開始約會了。

第一次約會是在一間法國餐廳，女人帶D去的，他們又度過了一個美好的夜晚。

「我覺得她很喜歡我，我也很喜歡她。」D很沮喪，「可是兩天之後，對方突然不接我的電話了。」

D是個單純善良的男生，他完全不能理解，為什麼兩天前和他在法國餐廳裡甜言蜜語的女人，突然避不見面。

「我想暫時出國散散心。」D說。

我有點心疼，說，「出國散散心也好，不要再找她了。」不能拍拖，可以做朋友；不能做朋友，可以禮貌說明，減少來往。D不是那種會強迫別人的人，對方不珍惜彼此的時間和感情，面無表情的把回憶丟進資源回收桶，沒有禮貌的離開D的生活。

「我們看不到別人的心。」我說：「也許她只是沒有事情可做，拿你消遣；或者其實不怎麼喜歡你，只是和你甜蜜親密各取所需。你只是她的一段插曲，你們沒有共同的朋友，即使不禮貌也不會被批評，可以回去自己的世界裡逍遙。你何必因為別人的錯誤來讓自己不開心？」

對方是單身嗎？對方是否像妳一樣準備好了去戀愛？

對方是在找一夜的娛樂，還是在找共度一生的伴侶？

把自己的心給出去之前，先看清楚對方的心。

5 管理愛情

試著把妳記帳的好習慣運用在愛情上。

愛的分數，加減乘除。

多少分要甩掉，多少分還是可以做朋友，多少分是週末消遣，多少分是正式交往，多少分可以依託終生。

P先生和A小姐談判。

A小姐一條條列出罪狀，「你很久沒打電話給我，我搬家的時候你沒出現，出國回來也不買禮物給我……」

洋洋灑灑幾十條罪證，P先生邊聽邊迷惑，問：「如果我這麼不好，為什麼妳還要答應跟我約會？」

每個女人的心裡都有一本帳本，就像每個男人心裡都有一座斷背山一樣。

有風度的來接我，安排好一切節目，加十分。

讓我笑，加十分。

緊緊的擁抱，加十分。
離別時溫柔的眼神，加五分。
回到家之後的問候簡訊，加五分。
為了我買了你絕不會買的物品，加十分。
半夜打電話說想我，加五分。
關心我的簡訊，每條加一分。
誠懇道歉，加五分……
不說甜言蜜語，扣五分。
無故不聽電話，每次扣五分。
我需要你的時候找不到你，扣十分。
一整天沒有消息，扣一分。
過節日沒有邀請我，扣五分。
度假回來沒有帶禮物，扣五分……

我們女人還在這裡，不是因為對方是萬人迷，也不是因為喜歡自討苦吃，而是因為分數還沒有扣光，心還沒有被傷透。男人曾經有過的好，給了我們繼續堅持下去的理由。

所以，男人們應該放心。

你對我的好，不會白費；你對我不好，也不用擔心我為什麼還在——等到你的分數變成負數以後，我就會毫不傷心的走開。

親愛的，妳有沒有愛情記帳本?·是該做一本的時候了。

6 為什麼要控制我？

愛情就像巧克力，抓得越緊，融化得越快。

小貞遇到了她的鑽石王老五，一家跨國公司的總裁，雖然不算英俊，但是年輕加上有品味，也不會差到哪裡。最讓姐妹們羨慕的是，王老五對小貞體貼入微。

眼看兩人一步步走向婚姻，雙方父母都見面了，小貞卻臨陣脫逃。

「看來我沒有當少奶奶的命。」小貞後來告訴我：「他逼得太緊，如果真的嫁給他，也許我會擁有一切，卻也什麼都沒有了。」

剛開始的時候，他們見面、約會、牽手，習慣生活中多出一個人，可是一些細節讓小貞越來越煩，無論什麼時間地點，王老五總是緊緊貼著小貞，每天發五個簡訊問小貞在幹什麼，詢問小貞的行程，晚餐的對象，彷彿一條八爪章魚扭動著觸手纏繞上來。

小貞喜歡自由，王老五卻讓她煩躁到胃痛，對王老五來說，小貞就像是一場全天候的生活現場直播，王老五興趣盎然，抓著可樂抱著爆米花，一點轉台的意思都沒有。

「妳真的是一個很難控制的女人。」王老五最後遺憾的說。

「為什麼要控制我？」小貞也很遺憾。

很多人以愛為名，卻把愛逼到了絕路。

在一段關係中，有些個人領域，在沒有經過對方的允許之前，最好不要輕易的觸碰甚至觸犯，工作、家人和朋友、老情人和過去、日記本、筆電和手機、個人習慣等等。

兩個人在一起，應該是一件開心的事情；如果對方有了妳，卻變得更不快樂，這段感情怎麼可能維持下去？

妳的愛，不應該是要求他改變，而是給他支持，讓他快樂。

慢慢的進入對方的世界，而不是一頭撞進對方的世界。妳的諸多要求和佔有慾，只會讓對方恐慌，沒有節制的愛，更會讓對方疲倦不已。

如果鑽石王老五知道這個道理，也許他與小貞的結局就不會那麼遺憾。

7 最佳出錯姿勢

優點為妳贏來仰慕，而缺點如果表達適當，則能帶給妳更深刻濃烈的愛。

《天龍八部》裡，有著很多不同風格的女性。其中我最欣賞的，不是博學多聞的王語嫣，不是嬌憨的鍾靈，不是為愛犧牲自己的阿朱，更不是直來直往的木婉清，而是胡搞蠻纏的阿紫。

阿紫為什麼用毒針射喬峰？因為她想，喬峰殘廢了，就再也不會離開她，她就可以照顧喬峰一輩子了。像阿紫這樣的人，別說百分之百的完美了，她的缺點比優點還多，我卻不覺得那是一件壞事。

現在韓國整形風大盛，很多巨匠日以繼夜打造著美麗，眉毛、眼睛、鼻子、嘴巴，健身教練和瘦身中心掌控身材比例；時尚雜誌與個人形象顧問負責穿衣打扮，甚至連微笑落淚都有專書專人指點。

滴水不漏的一個完美世界——也難怪瘋瘋癲癲的鄭秀文走紅。愛慕虛榮，不開心就擦馬桶，失戀就大吃特吃，喜歡偷東西，她的每一個角色都讓我們一邊替她跺腳擔心，一邊卻又深深的愛上了。

沒有一個人是完美的。

如果追問愛的理由，說對方英俊美麗聰明能幹的都是場面誇獎，真的愛，則會忍不住微笑，想起對方做錯的糗事情——好可愛，所以可以愛。

我們總是愛上壞男人，不是沒有道理的。

無懈可擊、彬彬有禮、完美無缺，讓對方的保護慾、關愛慾、付出慾沒有了施展空間；於是我們為了壞男人擔心傷心，為他們奔走千里，為他們淚如雨下。

是的，我不完美，我犯錯了。

那又怎麼樣？

看錯行事曆，加班提前五天完成工作；忘記同事幾號生日，結果那個月每天都帶著小禮物上下班；偷了男朋友家裡的鑰匙幫他補充日用品⋯⋯

我們不是上帝，難免出錯，可是這樣的缺點，反而可以換得溫情笑容。

不要太憂慮妳的缺點。

睡覺的時候磨牙，分不清東南西北，一頓飯要分三次吃，說話台灣國語，小時候被燙到的疤痕，曾經離婚過，或者車禍後右腿微瘸⋯⋯

人之所以異於其他人，正是因為人不完美。

不用擔心妳會因為這些缺點喪失了機會和愛情，只要妳的缺點不是太過於謀財害命，都可以變成妳獨有的特點甚至優點。

睡覺的時候，妳磨牙，他打呼；妳迷路，他帶路；離婚過，表示下次的婚姻，妳會表現得更好。

我有個朋友，能力很強，也相當努力，在公司裡卻始終不順遂。直到他某次出了車禍，在醫院躺了一個月，整間公司因為他的缺席而大混亂，最後總經理親自提著鮮花水果到醫院探望他，請他盡可能早點出院，並且幫他升官加薪。一次出錯，他反而收穫頗多。

不過，個人可以有缺點，如果傷害到別人，就是另外一個問題了。

妳坐公車多投了錢，大家會覺得妳迷糊可愛；如果妳跑去搶銀行……當然，妳出獄之後可以語重心長的表示當時年幼無知，如今浪子回頭——這也是一種化劣勢為優勢的方式。

生命就像是牛仔褲，兩三個破洞是藝術，一堆洞就只能當抹布了。

8 吃虧之後，想辦法佔點便宜

吃虧之後，想辦法佔點便宜。

謙讓、犧牲、成全，大家都在變化迅速的世界匆忙著，抓到手裡的才安心。退後一步講，為了對方一個沒有實際作用的笑臉和看不見的明天而吃虧，很難被人看好。

我有個朋友，從小離家，多年漂流，謹記在心裡的第一條規則就是不吃虧，不被人欺負，於是在課堂上扔書和教授吵架，在佛洛倫薩和阿拉伯人打架，上班時問老闆，「全部人熬夜加班，為什麼你不關心我們有沒有吃晚飯，而是過來指責做得不好？」

感情也是這樣。

妳希望他對妳比妳對他好，如果有把秤，妳絞盡腦汁總要讓他出七分，最多六四，如果投入過多，妳心裡的小鬧鐘就會開始瘋狂吵鬧。

我那個朋友後來反省，「那些事情是個性使然，我也不會太過後悔。但事

過境遷，重新回想，我發現一切都有更好的處理方式。」

親愛的，重新想一下吃虧的事情吧。

做學生的時候，如果對同學好一些，應該會多一些朋友吧？多幫同事老闆做事，沒有人會視而不見吧？感情上多付出一些，也許現在就已經結婚了吧？

偶爾吃點小虧，可以讓別人開心，男人更珍惜妳，覺得和妳在一起是一件不錯的事情。

另外，如果妳注定要吃虧，自己不開心，也沒有讓別人開心，那才是最失敗的事情。

這樣的虧，還是不要吃的好。

9 壞的開始是失敗的一半

如果他讓妳覺得妳很糟糕，時間久了，妳會相信妳真的這麼糟糕。

Y小姐遇到一個男人，兩個人對彼此有些感覺，Y本來以為會有發展，男人卻告訴她，「妳是一個佔有慾很強的女生，而我需要很多的空間。」言下之意是，不如不要開始了。

Y很困惑，因為她從來沒有聽到任何人說她佔有慾很強。難道是自己都不知道的隱藏缺點？於是Y約了一群朋友吃飯，小心翼翼的提起這個話題。

「佔有慾？」朋友們大笑，「這個詞彙和妳完全沒有關係。」也許對朋友沒有，對情人有？於是Y問了幾個自己約會過的男人。「完全沒有。」男人們異口同聲。

最後Y小姐找到了我。我告訴她：「如果他想每天晚上和別人出去玩，而覺得妳給他的空間不夠，這表示這個人不是妳的他，或者他不想和妳安定下來。」

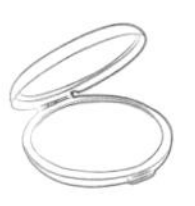

親愛的，很多事情，不是妳的問題，而是他的問題。

如果開始一段關係，雙方必定都會有所改變，某一方想完全按照自己之前的軌道生活，讓另一方徹底配合自己，這是不可能的事情。

另外一方面，愛情應該要能讓妳開心快樂。如果全世界只有他說妳不漂亮，他覺得妳小氣，他覺得妳做得不夠好，他覺得妳任性刁蠻，妳為什麼還要和這個人見面？

如果妳和全世界的人在一起都很好，只有和他在一起才會那麼糟糕，那麼，妳更不應該見他，不是讓自己難看才叫作真愛。

好的愛情，會讓妳覺得開心、滿足、甜蜜，如果他一開始就挑妳的錯，不如讓他走吧。

一開始他就和妳要空間要距離，說妳霸道佔有慾強，這段感情的開場太糟糕太惡劣，不要再跟進了。

10 我只是把妳當朋友

一個人喜歡妳，就怕妳不知道；如果妳得去問，他就不是那麼喜歡妳。

「我們兩個到底是什麼關係？」A小姐問B先生。

他們的狀況一直曖昧不明，經常打電話聊天，見面的時候偶爾會牽手接吻，但是最近這兩三個禮拜，對方好像消失了一樣。

在這個大家愛玩曖昧的新言情時代，其實也不能說誰對誰錯。

但以A小姐的角度來看，To be or not to be，清楚的答案最好，免得浪費時間感情。

如果喜歡我，請讓我知道；如果只當我是朋友，以後我們只握手，不牽手；只擁抱，不接吻。

以下兩種答案都是好答案。

「我喜歡妳。」一段愛情開始了。

「我只是把妳當朋友。」一段友情開始了。

最怕的是第三種答案。

「……」

對方不做任何回答，事情繼續懸在那裡。

遇到第三種答案，我的建議是，請當作第二種答案處理。

如果妳真的確定一個男人對妳有感情，妳不用也不會去問。

11 正確的抱怨

妳一定咬到過自己的舌頭。找朋友抱怨過這件事情嗎？

如果妳不想分手，找別人抱怨對方有多壞，對妳有什麼幫助？妳是他的伴侶，應該保護他愛護他安慰他照顧著他。跑去別人面前中傷他譴責他，這就是妳的愛嗎？

多數的局外人都太率性隨意，會在妳抱怨完對方的一萬個錯之後，大方的幫妳指明妳的方向。當然，局外人的建議到底是好是壞，分手之後的酸甜苦辣，只有妳自己知道。

感情出了問題，妳滿心憤怒委屈，決心找人評理。

親愛的，真的想抱怨，也有三種人不能找。

一，妳的家人。

妳爸媽辛辛苦苦把妳養大，看妳傷心委屈，即使沒叫你們馬上分手，對方的分數也被扣了不少。過兩天妳跟他兩個沒事了，妳老爸老媽還在妳背後，他們

非常火呢。人的感情是互相的，妳家人看他不順眼，他自然不會覺得妳的家人好相處，一來二去，惡性循環就此開始。

還在納悶為什麼他們合不來？親愛的，是妳種下的禍根。

二，他的家人或朋友。

我懂妳的意思，他們和他親近，他不聽妳的話，或許會聽他們的話，曲線救國，對吧？

妳不知道，曲線繞了一圈，不但沒有救國，反而把妳繞死了。

他們是他的親人和朋友，他的缺點就算是十惡不赦，他們也會愛他、包容他、站在他那邊，更別說妳說的可能只是一些雞毛蒜皮的小事了。他們只會覺得妳尖酸刻薄愛挑剔，不懂得欣賞他的優點——你們不合適。

別忘了，最後，妳說的事情一定會傳到他那邊去。他會勃然大怒——妳找我吵架還不夠，還要跑去找我的朋友吵？

三，異性朋友。

同性相斥，異性相吸。

想都不用想，妳的異性朋友一定會覺得他的行為不可理喻，內斂的人會認真的對妳說，「他對妳不夠好，去找別人吧。」衝動的人搞不好會直接抱著妳，說：「讓我來溫暖妳，妳就從了我吧，我一定不會讓妳吃苦！」

如果妳已經決定分手，又喜歡這個朋友，兩人一拍即合，這也就算了，如果妳還在徘徊留戀，找異性朋友訴苦，只會引發更多的矛盾衝突。如果被妳的他知道，白的也變成黑的了。

一般情況下，我建議感情問題內部解決，而不是找人抱怨。妳有問題？他就在身邊，為什麼不對他說，要去對另外一個人說？說出來對方會生氣？從別人嘴裡聽到他會更生氣。想讓對方改進？告訴他一個人就好。跑去和找其他人抱怨，除了出氣之外，大概不會有任何幫助，如果遇到愛挑事的人，事情更會越來越糟。

如果妳真的很想抱怨，請找一個妳的好朋友，確認她不需要出嘴，只需要聽就好。並且，請妳在抱怨的時候，順便反省一下妳自己的問題。

最後，親愛的，當妳滿臉憤怒滔滔不絕指責別人，妳覺得那時候的妳，美嗎？萬一妳說的東西別人不想聽，只會讓人覺得妳心胸狹窄嘴巴刻薄。何必呢？

12 冷靜的理智的決定

正確的事情，不是自討苦吃，自尋煩惱。也許，離開的姿態，終於可以輕鬆。

我有個朋友，他很愛他的女朋友，但他女朋友對他不好。有一天，他女朋友說，「我們分手吧。」

所有人都以為他會想辦法挽回，因為大家都知道他真的很愛她。沒想到，他同意了，然後就真的分手了。

後來我問他為什麼，他說，「我捨不得，但我知道這是一個正確的決定。過去的兩個月，我們每次見面都吵架，我怎麼做她都不開心，不如分手吧。」

要走還是要留？先把妳的情緒放在一邊，坐下來，認真想一想吧。很多東西不是得到了才開心，沒有他，妳會不會更開心？

回憶一下——不要太久，三個月之內的事情就夠了。過去的三個月，妳開心的時候多還是傷心的時候多？

答案說不定會讓妳意外。

如果傷心的時候多……接下來該做什麼？

停止自討苦吃吧。

親愛的，我知道妳在意，我知道妳喜歡，我知道妳愛。

但是，放手是對的。

HOW TO BE SINGLE

男人，來者不拒

根據調查統計，人類男性的發情期每年約為四次，每次約持續三個月。

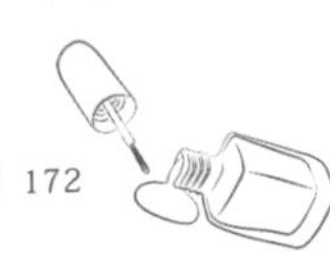

1 珍惜生命，遠離一夜情

如果妳不能把做愛當成按摩，遇到任何一夜情或者與之相關的潛臺詞，請逃走吧。

這其實是一件很奇怪的事情。

兩個沒有感情的人，突然變得非常親密，身體交集，為了短暫歡愉，隔天醒來一拍兩散，從此不再聯繫，或者繼續當朋友。

如果只是為了感官享受，自己在家看看A片玩玩按摩棒就好了，安全又省時省事；如果是為了感情……

等等，妳真的以為一夜情之後會有感情嗎？

大多數的男人，射完精之後就會進入聖人模式，腦袋裡想著的無非就是如何溜走而已，他們已經得到了滿足，怎麼還會有理由留下來？反正大家不過是玩玩而已嘛。

而妳，可能要急著去藥房買事後避孕藥，順便開始擔心自己的大姨媽怎麼遲遲沒有來。

同時，大多數女人並不像男人那樣靈肉分離，通往女人心房的最佳途徑是陰道，突然之間和對方發生親密關係，日後往往會陷入感情瓜葛，懷念他的擁抱，想念他的吻。

人家已經離開了，妳卻剛剛開始——多恐怖！

男人確實是用下半身思考的動物，別因為這件事情怪他們，一方面，他們腦袋裡面掌控性的區域大小足足是女人的兩倍，一方面，他們的性器官就吊兒郎當的在外面掛著，就算是走路也難免會摩擦生熱，對吧？

永遠不要以為妳可以用身體留住一個男人。愛需要做，但光做很難有愛。親愛的，不要讓妳的身體變成廉價的交易品。

當然，偶爾，妳也不知道為什麼沖昏了頭，事情就這樣發生了。

對此，我的建議是：做好對方消失的心理準備，做好避孕的事後措施。

最後，我實在忍不住要說，和我不愛的男人做愛，我會覺得很開心。因為和相愛相比，做愛太容易了。

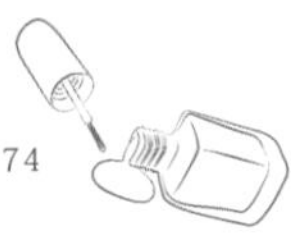

2 男人的花心是女人寵出來的

也許是妳，也許是別的女人。如果女人都不玩曖昧，男人怎麼玩花心？

我最怕的事情之一，就是陷入一段複雜的關係。

此時，戀愛不再是兩個人的事情，可能變成三個人，甚至更多人。

這樣的事情總是層出不窮。

A是我回國之後認識的第一個男人，他看到我，馬上找我約會。一週之後，A的女朋友打電話給我——我們居然互相認識！兩個女人吃了一頓飯。

我當時很不明白，A為什麼找我約會？他們一起好好的，那個女生身材相貌都很好，他為什麼要找別的女生約會，並且說自己沒有女朋友？

後來我明白了。

有些男人就是這樣的。

不過，我倒是一點都不怕花心的男人。

男人花心，是最容易對付的毛病，不用再理他就好了。

比起來，一個專情的男人，往往會變成我心裡的一根刺。相愛很好，即使不愛，我也會小心翼翼，就怕傷害到他。

可惜，哪些男人值得珍惜，我到後來才慢慢明白。

有一次，我在電視上看到四個女人搶一個男人，為了他大打出手。我瞠目結舌。

花心的男人之所以存在，就是因為世界上有太多的傻女人。

3 拒絕速食愛情

速食很快，很方便，還可以自己選。
但，妳把時間都花在速食上，怎麼知道真正的美食是什麼味道？

現代的感情，可以很電光石火。

太多的方式可以認識新的對象，建立關係；同樣，結束一段關係也很快，大家禮貌的見面談彼此的不適合，之後偶爾簡訊電話，有的甚至連告別都不用，直接人間蒸發。

我有個朋友J，曾經有過一段感情，結束之後，他傷得很重。

「我的愛已經用完了，以後，我再也不可能去愛另外一個人了。」他這樣告訴我。

從此，J開始隨便和別人見面約會，輕易開始，輕易結束，揮一揮衣袖，一片雲彩也不帶走。

一年多的時間，他和二十多個女生約會，和其中的一些發生關係，持續時間從兩三天到兩三週不等。

每個人都不完美。

很多事情，我們可以遷就，可以改變，但愛情就像烹飪，自己煮菜，調味只能自己慢慢摸索。

如果妳不再花時間了，不再愛了，親愛的，那我還有什麼好說的呢？

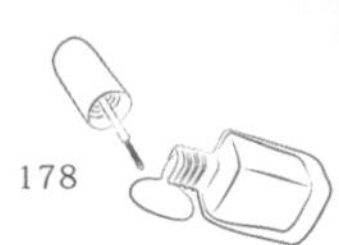

4 天下的男人都是一樣的

不用懷疑男人怎麼可以有性無愛——否則他們早就跟自己的手結婚了。

大多數男人，都是來者不拒的。

如果剛好有空，身邊又有一個不是很討厭的人，為什麼不給彼此一個機會？實際情況是，一個男人緣好的女人，不需要傾國傾城，只需要夠風騷。

我有個朋友瑪莉，二十二歲，不難看也不算好看，但她幾乎可以得到她想要的任何男人。每次我們見面，她總是會告訴我她最近又和某某人發展了關係，那些男人裡面，有相貌身材一流的模特兒，有成功的商人，各種類型，大大小小，林林總總，總之，她來，她見，她征服。

先不說那些男人是否真的愛她，至少，只要妳身材相貌過得去，主動貼上去，男人很難拒絕。

下一個問題：性能生愛嗎？

妳做夢。

理論上，對性最高明最專業的是妓女。

妳見過幾個男人和妓女結婚？

男人和妳做愛，不等於愛妳，有的男人甚至不用喜歡妳。

妳投懷送抱，他和妳做愛，這不表示他想和妳在一起。

隔天早上，有一句話，九成的男人一直想卻不知道怎麼說出口。

「妳什麼時候要走？」

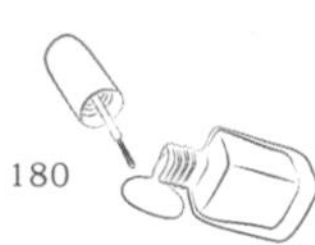

5 單親媽媽

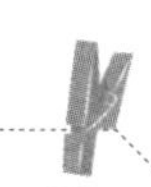

要不要做單親媽媽，取決於孩子會不會毀了妳的理想和快樂。

這幾年，我有兩個好朋友都當了單親媽媽。幸運的是，她們知道孩子的父親是誰。她們都是意外懷孕，但孩子的父親不是好的結婚對象。一個是出軌的已婚男人，另一個知道我朋友懷孕還動手打她。

事情發生的時候，兩個人我都全力投了反對票，我對她們說：「這不過是個錯誤，妳還有修正的機會，而妳卻讓它改變了妳的人生。值得嗎？」

如果我是上帝，我會毫不猶豫讓她們在睡夢中流產——抱歉，小時候自以為是，但我也不是完全沒有道理：妳真的要為了一個可以修正的意外改變妳的人生？

妳多了一個巨大的包袱，妳的理想要暫時擱置，妳必須扛起家庭的所有重擔，又當父親又當母親，最要命的是，妳得忍受別人異樣的眼光，並且嚇跑之後很多的約會對象——並不是每個男人都願意幫別人養小孩……

當然，她們都沒有聽我的。一個跑到美國生下孩子，送給她不能生育的姐姐，然後回國當導演。一個留在巴黎當單親媽媽，一邊養孩子一邊讀書，而且事情沒有我想的那麼糟糕，她經常談戀愛，動不動就在網上告訴我又認識了某個男人。

我以為她們生下孩子，是對愛情的最後一搏，實際情況是：她們都從來沒有和孩子的父親聯絡。

對她們來說，這是她們的孩子，她們獨自生育，她們獨立撫養，跟孩子他爸沒有任何關係。經過那麼多的眼淚和尿布之後，我問她們：「後不後悔？」她們的回答是：「每次看到孩子，我都覺得這是我做過最正確的事情。世界上多了一個和我血脈相連，一個愛我、屬於我，我也愛他、屬於他的人。」

事情似乎沒有我想像的那麼糟糕。

當導演的朋友是個工作狂，如今她可以不用浪費時間去約會了，專注事業和孩子，有穩定的心情和奮鬥目標，某次她跟我說：「等妳到了四十歲還在絕望的約會時，我的孩子已經能用薪水買禮物給我了！」

巴黎的朋友重視戀愛和精神生活，我相信，如果她的孩子沒有把某個男人

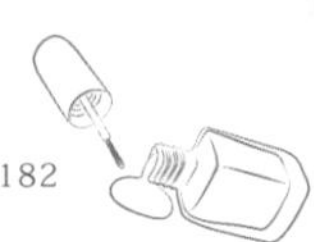

嚇走，這個男人一定是一個高貴、開明、有愛心、不自私的好男人，而且，他一定很愛她，這比她當年在一堆花花公子中徘徊反而好得多。

當然，如果妳一心想要嫁入豪門以擺脫妳現在的生活，如果妳會因為仇恨孩子的父親而仇恨孩子，如果妳覺得有了孩子之後妳就不能做想做的事情……那妳還是拿掉吧。

如果留下孩子，妳可以繼續生活，追求夢想，又多了一個人陪伴妳，妳也確定自己依舊會得到愛情，作為母親，妳當然有權利留下這個生命。

接下來，作為單親媽媽，妳可能要想一下：如果妳認識了一個男人，是從一開始就告訴他實際情況比較好，還是先培養感情，以後再說？

我想，先說比較好。

不說，即使他留了下來，以後也會是你們之間的陰影，妳不想一生對他充滿自責和內疚吧？先說，也能保護妳自己的感情——妳愛上了他，他因為孩子甩掉了妳，妳豈不是更傷心？

不用覺得單親媽媽低人一等，妳仍然可以漂亮得不像話。

茱莉亞羅勃茲在「永不妥協」裡飾演單親媽媽艾琳，她有一句臺詞，我相當欣賞。

鄰居喬治向艾琳要電話號碼，她說：「你想知道我的號碼？我先告訴你其他的號碼。2——這是我的結婚次數，3——這是我的孩子數目，8、4、1，這是他們的年紀。8，這是我的帳戶餘額……最後，我的電話號碼是○○○○○○○，但我賭你打給我的次數是0。」

電話鈴聲還是響了。他確實真的對妳有興趣。

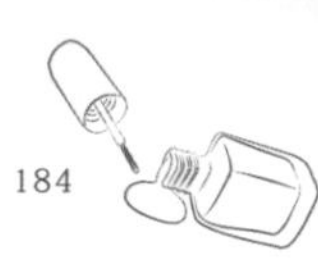

6 愛與做愛無關

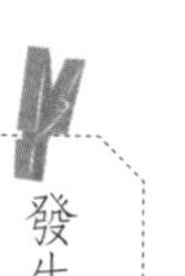

發生親密關係，對某些人來說，不見得比吃一次日本料理更難。

每個人性格不同，戀愛方式也天差地別。

朋友A，他可以在三天之內交一個新女朋友，然後接吻，然後上床——或者在三天之內接吻上床，然後交到一個新女朋友。順道一提，他的感情生活通常會在三個月之內結束。

朋友B，他喜歡細水長流，約會三個月，可能只會在過馬路的時候拉一下手，告別的時候吻一下臉頰。

朋友C，她一邊和很多不同的男人發生關係，一邊又不覺得這些男人和她有什麼關係。她有一個交往一年的男朋友，但兩人至今沒有上床。

都市生活，萬事皆可能。

7 迅速的親密關係

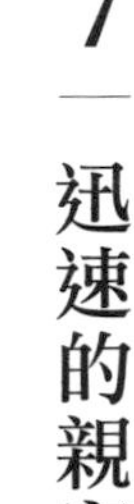

發生關係的時間點會隨著年紀的增長而延後——除非妳只長年紀不長腦袋。

朋友D交了個新女友。第一天，他們認識，他們回家，他們上床。聊到這件事，我第一個問題是：「她多大了？」十九歲。果然。

年輕的時候，最不怕浪費時間，最渴望生活經驗，恨不得每天都遇到新的人，展開新的故事，好、壞，都是人生美麗的眼淚。怦然心動愛過，哭過，被騙過，受傷過，才自以為成長，才算完整。

隨著年齡增長，看得越來越多，人會越來越有經驗。看對方吃飯的樣子就知道這個人是不是對妳的胃口，見面三次就能大概掌握這個人的性格品性行。然後，既然已經知道不好的結果，也就懶得發生些什麼了。再加上對性不再好奇，甚至自己可以解決慾望，找一個不了解自己的陌生人做什麼？

一段正式的關係中，我向來不贊成太快發生親密關係；但是從另外一個方面來說，迅速建立親密關係，也是一種最快了解對方的方式。

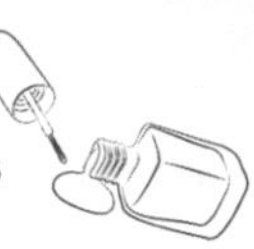

約會了半年之後上床，卻發現你們的性生活根本不和諧，或者妳完全不能忍受對方打呼，最終也是浪費時間又傷心的一件事情。

愛不能解決一切，頂多解決妳自己。

8 竹槓男

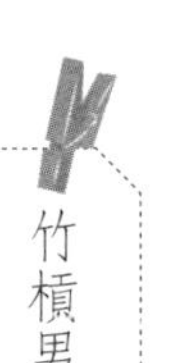

竹槓男認識妳，就是為了敲妳。

F小姐剛跟她男朋友分手了。

對方二十三歲，是個健身教練；F大他十歲，經濟條件比對方優越，兩個人交往期間，F基本負責了所有花費，吃飯看電影甚至幫對方買了台車子。

三個月之後，男人要求F小姐幫忙支付房子的頭期款——房子掛在健身教練名下。F小姐斷然拒絕。

男人問她，「我這樣過分嗎？」

「……」F小姐。

當然，除了這種明目張膽的竹槓男，還有其他幾種。

有些人總是忘記帶皮夾，或者常常告訴妳他喜歡這個喜歡那個。

最高級的竹槓男擅長先養後殺。前期對妳溫柔體貼忠誠，負擔所有費用，突然有一天，他會陷入一個大麻煩，或者要開始新投資，或者周轉不靈……

看著他焦慮而期盼的眼神，妳幫他還是不幫？

一頓晚餐，四個女生，這個話題提出來，突然發現，我們全部被敲過。

損失小的在對方的要求下買過名牌西裝——對方說要應聘沒有衣服，筆電——對方說工作需要等等，損失大的直接扔出了八十萬投資男朋友開餐廳——之後餐廳始終沒有出現，再去調查，發現對方的一切都是假的，家庭、背景、工作甚至年齡。

多恐怖！

不要以為竹槓男都是帥哥，拿走八十萬的男人其貌不揚兼中年發福。竹槓男，會以各種形式進入妳的生命，欺騙妳的感情，偷取妳的精力。想要謝絕竹槓男，有些事情要特別注意。

忘記帶皮包？記得開玩笑提醒他下次該他出錢。

約會的時候，除非是對方生日，吃飯、旅行、購物，妳永遠不要去碰帳單，真心喜歡妳的男人不會和妳ＡＡ制。

不要送太貴的禮物，如果要送禮物，送一些有愛的：寫在卡片上的情詩，一張對方喜歡的ＣＤ。

沒有嫁給他以前，不要借錢給他，一個對妳好的人，不會把他的財務危機轉嫁給妳。

如果對方很關心妳的財務狀況，不妨告訴他：房子在別人名下，車子是跟以前男朋友借的，銀行存款大概只夠買雙鞋子。

親愛的，記得睜大眼睛，不要給了身體傷了心還扁了荷包。

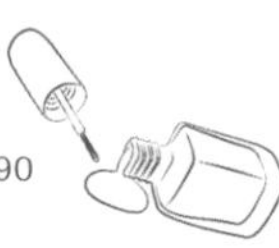

9 十惡不赦的前男友們

第一次罵妳，第一次動手，第一次出軌，第一次對妳說分手……不管多不捨得，半夜裡哭成淚人，都請妳理智後退，從容走開。在他被妳「愛」成「十惡不赦的前男友」之前，後退調整，或者必要的時候，離開他吧。

我的朋友C小姐，是一台典型的壞男人檢測機。

她的前男友們，要嘛在熱戀的時候無緣無故人間蒸發，要嘛在凌晨三點發簡訊叫她去死。

別以為C小姐是個壞女人，相反，她好得很，叫她去死的前男友的衣服是她買的，手機是她送的，帳單是她付的，要不是她經濟能力不允許，前男友名下可能還會有房子和車子。

巧得很，C小姐接到那通簡訊的時候，我剛好在她家gril' s talk。前男友的辱罵簡訊不停發來，我躺在沙發上，深刻覺得自己運氣不錯。

C小姐朗讀她的午夜簡訊，我忍不住問她：「他以前有發過這樣的簡訊給妳嗎？」

「有啊。」C有點不好意思：「分手了。後來又和好了。」

我嘆了口氣。

親愛的，在妳們投訴自己的前男友們十惡不赦時，有沒有想過，對方這個樣子，是妳選的，甚至是妳塑造的？

剛認識他的時候，有沒有發現他為人自私、言語刻薄？第一次吵架他動手動腳，妳為什麼還留下來？知道他和別人約會，妳為什麼還見他？人家要分手，妳還不走？

傷害妳的身體，侮辱妳的尊嚴，這樣的事情，一次就夠了。還不走開？

謝謝妳，妳又為這個世界培養了一個十惡不赦的前男友。

我找到了好男人！

女人都冀盼好男人：一心一意天天寵愛永遠不減，從晨曦到夜晚給予快樂和能依靠的一雙臂彎。

1 分手的方式

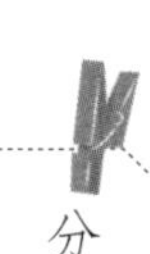

分手的方式，決定了你們日後是老死不相往來，還是繼續做朋友。

我聽過各式各樣的分手故事。

有些人會當面說清楚，有些人用一條簡訊結束感情，有些人寫信，有些人冷處理，不見面不打電話，就把妳晾在一邊，直到妳忍不住了跳出來說分手。

有的時候，兩個人在最後的最後突然出現了相愛時從未出現的默契，不用說就分了；聽過最誇張的是，某人某天回家，女朋友和相關物品突然全部消失，從此再也沒有消息。

好萊塢有一種職業：分手專家，專門解決分手之後的問題，也代替那些不知道如何分手的人和對方分手。

「不是你不夠好，一切都是我的原因。」

聽說這是分手專家的頭號分手祕訣。

我配不上你，你太好了，和你在一起我壓力山大，離開你是因為你值得更好的……

都已經要甩人家了，至少給對方留下自尊吧？不要指責，不要攻擊，這對妳沒有任何好處。本來是一段美好的愛情，兩個人曾經親近信任，因為妳拙劣的分手技巧，多了一個仇人，何必呢？

簡訊分手、電話分手、突然消失、冷處理，諸多分手方式，當面講清楚看起來最不討好，其實效果最好，沒有殘留問題，絕無副作用。

「親愛的，我知道最近我讓你不開心，我想了很久，都是我的錯，但是我個性是這樣，很難改，與其你不開心我也不開心，不如你去找一個更適合你，能讓你開心的人。我捨不得你，但我更不能看著我們互相埋怨生氣指責……」

記得，說的時候一定要嚴肅，如果能夠雙眼含淚，再好不過。

這樣的分手方式，最怕碰到的是妳太入戲，不小心感動對方，結果對方也雙眼含淚看著妳說他會為了妳改變……

不要怕，妳還有大絕招。

「不！我不願意你為了我改變，你就是你，我就是喜歡這樣的你，讓你改變你會不開心，我不希望你不開心……」

之後妳就可以消失一陣子，不接電話不回簡訊了。

恨妳？怎麼會呢，妳都一副這麼難過的樣子了，如果他以後過得好，得多虧了妳當年忍痛放手讓他走；過得不好，唉，都是妳當年不懂事，跟他分手了，妳依舊是他心裡永遠的那個北鼻。

當然，如果有重大事故出現，親人去世、搬家、意外疾病，提分手就能提得更加合情合理——對方怎麼捨得怪妳？這不是妳的錯啊！

男人分手喜歡拖，那些寫下妳的十大罪狀然後貌似憤怒告訴妳要分手的男人，大概都不會和妳分手——以他們的情商，如果真的要和妳分手，只會人間蒸發，才不會向妳交代什麼。

另外，只有女人會傻到告訴舊愛自己有了新歡，讓對方怨她恨她；男人可聰明了，他們寧願承認自己是豬是笨蛋，也不會承認他們已經有了新歡——有了新歡，怎麼說都不會說得妙。

2 剛分手的那些日子

對自己殘忍，否則別人會對妳更殘忍；愛自己，否則別人不會愛妳。

對自己殘忍，否則別人會對妳更殘忍；愛自己，否則別人不會愛妳。

曾經那麼深愛他，縱容自己的世界為他變得一片狼藉，忘記健身，忘記美容，忘記和別人的約會，忘記自己是個高手，只是呆呆在半夜裡自己一個人為對方哭到發不出聲音；他已經變成妳心頭的刺，一不注意妳就會心頭抽搐不止，每次都覺得這會是最後一次胸口隱隱作痛，然後又哭到眼睛紅腫……

其實不愛一個人，比愛一個人容易很多。

愛一個人，需要關懷、注視、憐惜、眷戀；不愛一個人，只需要離開。

愛一個人，需要愛他的缺點；不愛一個人，只需要恨他的缺點。

哪一個更容易？

其實處理情傷的最好方式就是談一場新戀情。

不要捨不得，也不要再期待。如果他真的傷害了妳，如果妳真的不開心，

為什麼還要僵在原地，把自己弄得那麼難看？收回失地不如轉移陣地，新戀情新對象一定會疼妳的，為妳準備，為妳等待。

不要覺得他還愛妳。

他已經走了，他不愛妳了，請這樣大聲告訴自己，即使講完這句話會很痛很想哭，也要講。

妳可以大哭一場，哭完之後告訴自己，離開妳是他的損失。

把妳的優點和他的缺點都寫出來，想想自己的好，想想他的壞。

去外地散心是很浪費的事情，因為再好的東西和景色妳都看不進去，一個人的旅行反而會讓妳更落寞，我有個好朋友，失戀之後自己跑去義大利，失魂落魄的刷爆了信用卡，可是買回來的東西一樣都不喜歡，問她佛羅倫斯是什麼樣子，她一臉茫然，什麼都想不起來。

「很好，妳成功了。」我這樣告訴她——哼，出國玩沒找我。

所以，分手的時候，請待在一個舒服的地方，一個有人疼妳、尊重妳、需要妳的地方，找妳最冷靜的朋友聊天，請對方嘲笑妳的失態。

不要再打電話給他。妳每次聽到他的聲音，情傷的時間又會多個三五天。

把會讓妳想起他的東西都扔掉或者暫時收起來，不要再去你們曾經一起去過的地方。

花點錢買點東西給自己，但不要把自己弄到自己都不認識自己了。

分手之後，最重要的事情就是，請妳好好愛自己。

保持妳最漂亮的樣子，給自己足夠的鼓勵，妳這麼好，錯過妳，是對方的損失，妳不用傷心難過。

3 老情人

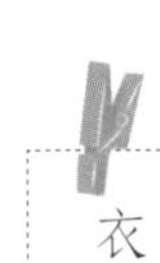

衣未必不如新，人未必不如故。

能和老情人保持朋友關係，通常分手的時候不會太難看，然而難度也高了不是一點點。如果妳想和情人分手，又想要對方的友誼，請找個好理由吧，最好是你們之外的原因。如果妳愛上了別人，分手之後幾乎不可能當朋友。

分手之後最容易做朋友的臺詞則是：「我一輩子都愛你，可是很多問題逼我們分開。」

分手之後想和對方保持友誼，要嘛是對對方還有需求、依賴或期望；要嘛是兩者中提分手的那個。通常分手後受傷比較重的那個，不會希望再與對方有交集。

如果放得下，能做朋友還是做朋友吧。

他曾經是妳最親密的人，妳在他身上投注了那麼多的時間精力，現實點說，妳血本無歸，認賠出場；浪漫點說，畢竟曾經相愛一場，記著這段情，以後還可

以互相照顧。

老情人的友誼，在雙方都找到新戀情之前，依舊是充滿迷霧的路途。如果雙方都沒有新戀情，在適合的狀況下，戀情隨時可能再次枯木回春，所以分手前仔細考慮，分手後暫不聯絡，絕對有道理。

另外，男人如何對待他的前女友，以後他就會怎麼對妳。

如果他洋洋灑灑條列對方的各種罪狀，請小心妳的缺點被他點滴記在心裡，變成他與下一任女友的話題；更可怕的是，某些男人會把每一段感情的結束都怪罪到前女友身上，他永遠是無辜的受害者。

親愛的，請小心。

遇到這種男人，妳會不自覺的會把他的前女友當成假想敵，然後把自己當成拯救他的天使，殊不知他的前女友也是這麼淪陷的。

如果他和每一個前女友都老死不相往來，妳一定要非常小心，這種男人通常冷血絕情，萬一發生問題，妳會被他傷到心痛欲絕。

4 當一隻快樂的鴕鳥

分手之後，他過得不好，可以堅定妳當初離開的理由。
可是，這個人是妳愛過的，妳貶低他，不就是貶低當時的自己？

分手之後，他過得不好，可以堅定妳當初離開的理由。
可是，這個人是妳愛過的，妳貶低他，不就是貶低當時的自己？

一般人分手之後，通常會有一陣子與對方避不見面，直到若干年之後街上偶遇，才終於可以打個招呼，讓這段感情就此完結。

A小姐不一樣，分手之後，她搬到前男友的隔壁，然後在臉書上發文。

我不想當一隻把腦袋藏進沙裡的鴕鳥　明明不能釋懷卻得裝作無動於衷
不如直接面對一切　每天看到他的新變化　知道一切真的過去了

是啊　我假裝不愛他了　我強迫自己不愛他了
我把感情藏起來　我不再去我和他常去的餐廳和街道
可怕的是　我做了一切　卻還是沒有忘記他
想起來的都是他的好　都是在一起的甜蜜時光

如果每天都能看到　其實他和其他男人也沒有什麼不同吧
他會做錯事情　會牽別的女人的手　會喝醉倒在家門口

當我不再是他的生活的一部分
當他的所有事情都和我無關
我才能冷靜客觀的看著他

從某些角度看,A小姐說的也有些道理。

我正打算拭目以待看A小姐如何成功走出情傷的的時候,卻聽其他朋友說,她看到A小姐在他們的公寓樓下對著前男友放聲大哭,哭得梨花帶雨,哭得聲嘶

力竭。

我想，一段感情結束之後，依然關注對方，並不是一件好事。

看到他帶女人回家，妳會開心嗎？

人生苦短，妳多看他一分鐘，就少看其他東西一分鐘。

當然，妳有當眾大哭的權利，盡量以一次為限，畢竟難堪和羞愧的是妳。

親愛的，停止妳的自虐行為，眼淚和愛情一樣都是有限資源。

5 多多不益善

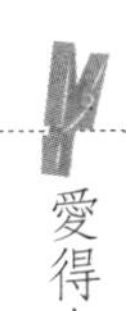

愛得太盡，愛情就會早盡。

他曾經擁有一間很美麗的法國餐廳、一個嬌小可愛的女朋友和一群晚上一起飲酒玩樂的好朋友，每天都過得非常開心。

有一天，他走出了自己的餐廳，永遠沒有再回去。

事業低潮不可怕，他愛了五年的女朋友，愛上了他的好朋友。

為了她，他離了婚；為了她，他疏遠了父母親屬；為了她，他開了法國餐廳。

突然之間，所有的付出都變成了泡沫。

很多很多的愛，變成了很多很多的痛。

「我的心跳得很快，好像就要從身體裡跳出來。」

他和我通電話，隔著電話，我都能感受到他令人恐怖的絕望。

自己的女人在自己的面前愛上了自己的好朋友。

他甚至想要買兇殺人。

沒有人規定愛一個人就要一直愛到底。

所有的東西都會變，人會變，愛也會變。

在旅途中，能一直手牽手是妳運氣好；如果對方先說了再見，不用抱怨，也不用怨恨，更不用追問原因。

他如果不愛了，妳怎麼樣都沒有用。

放下，開始新的生活。

換個角度看，對方的離開未必是壞事情。

也許是上帝給妳另外一個機會，讓妳去看更多的東西，去嘗試另外的愛。

能夠一輩子愛一個人很好，可以愛很多人也未嘗不是另外一種體驗。

最後，切記，不要太多。

別要求太多——適當的懇求是妳愛他的態度，過度的懇求則讓妳變得廉價。

別哭太多——眼淚能發洩傷痛，但終日以淚洗面，眼睛會瞎，皮膚會變差。

別恨太多——恨一些可以走得快一些，恨太多 則會個性扭曲，表情嚇人。

別想太多——想一些可以吸取經驗，想太多會糾結不已，迷失自己。

最後，別愛太多。

愛一些很甜蜜，愛太多，對彼此都是過重的包袱。

6 最痛的一次

痛，是愛情的必修學分。

妳有沒有愛一個人愛到痛？

我敲下這行字，想了想，然後紅了眼睛。

那樣的痛，是一件好事情。

如果沒有痛過，又怎麼會知道愛和珍惜？

一段關係結束，苦苦挽留，求了又求，哭了又哭，然後在某個瞬間，痛到死和絕望。之後，妳就可以像鳳凰涅磐一樣的重生。

之所以那麼痛，是因為那麼愛。感情中，真正輸的人，不是哭過求過痛過的人，而是不哭不求不痛的人。

真正的最痛，一定不是最愛妳的人給妳的，真的愛妳，對方就不會傷妳，甚至連分手都捨不得讓妳痛——反過來說，讓妳心痛的，表示他不夠愛妳。

真正的最痛，也不是妳最重要的人給妳的，真的對妳重要的人，是那些真

的愛妳的人——然後請看上一段。

真正的最痛,更不是妳最愛的人給妳的,捨得讓妳痛的人,哪裡值得當妳最愛的人——如果妳有M傾向則另當別論。

所以,痛嗎?

恭喜!

7 戀舊的皮帶

大多數的愛情，錯過了就是過了，回不去也不會回去了。

我在日本時裝雜誌上看到了一條黑色真皮腰帶，腰帶扣是一個穿黑色西裝的男人，白底金屬牌上面是黑色的字：Jeff, The best in town，中間還有一顆紅色愛心，非常搶眼可愛。

Jeff是我以前某男友的英文名字，我想了想，直接打電話訂了一條。

其實我跟Jeff分手之後不是很常聯絡，但我很戀舊。

最要命的是，我居然可以同時戀很多舊。

之前參加一個節目，主題是「好馬不吃回頭草」。

我想了想，說：「我現在仍然願意嫁給我每一個前男友。」

之後，所有的人都用詭異的表情看著我。

在很多時候，我會想起那些曾經在我生命中停駐過的人。

每一個人，我都心懷感激，因為他們都曾經那麼疼我。

有一些人有了新的生活，也沒有再聯絡了，估計見面了也沒有什麼話說。

但是，總會有那麼一些瞬間，我會因為一些東西突然想起他們。

那時候的感覺是非常奇怪的，整個人呆在那裡，不能動。

有聯絡的衝動，但是真正拿起手機，輸入「親愛的，你好嗎」就卡死了。

要寫什麼？

算了，就這樣吧。

就像買了那條 Jeff 皮帶一樣。

把 Jeff 皮帶送給其他同名的男人？

這種事情我打死也做不出來。

送給 Jeff？

都已經分開了，也許我覺得好玩幽默，但別人說不定會多心，也許是他，也許是他的她，到時候又會弄出一些麻煩事。

某個朋友跟我說：「愛她卻讓她離開，那時候，我覺得自己超偉大。」

這樣說起來，捨得，應該是個很高的境界。

偶爾懷念一下往事，陶冶一下情懷，還不錯。

但，萬一對方大紅大紫，名字到處都是，就算妳沒有心情懷念都得被迫看到，那就比較煩比較煩比較煩了。

8 妳夠好了

他跟妳分手肯定是因為妳太好了。必須的。

失戀之後，有的人跑去整容，有的人跑去進修，有的人跑去經商，有的人什麼也不是，隨便幹些什麼，只要和原本不一樣，以後讓對方看到的時候嚇一跳就好了。

沒有愛情的人，很容易變成事業狂。

一來，時間總是要浪費的，既然沒能浪費在愛情上，那就浪費在工作上吧。另一方面，結束一段感情，難免會在心裡想，一定是我哪裡不夠好，我一定要變得更好。

如果聽到一個人最近專注於事業，基本可以判定這傢伙肯定剛結束一段不怎麼成功的感情；如果聽到一個人高喊著要追求夢想，基本可以判定這傢伙是單身——攜家帶眷的人，一般都會忘記追夢，或者被迫忘記追夢。

失戀的人們啊，帶著一口惡氣，跑到某個地方十年磨一劍，清貧寂寞疼痛孤苦，在所不惜，就像我的朋友A小姐。

失戀之後，A小姐先打電話給一些交情比較好的男人，問了一系列問題。

「我是一個有吸引力的女人嗎？」

「你覺得我的缺點是什麼？」

「你會願意和我約會嗎？」

得到親友團一輪安撫之後，A小姐決定加強自己智慧方面的分數，去學習新的東西，開拓新的事業，變成另外一個更好的自己。

可是，親愛的，妳真的覺得再多一些光環，他就會愛妳嗎？

就算他真的又愛上了妳——個人建議，別愛他了吧，很明顯，他愛的不是妳，是別的東西。

相信妳自己，妳很好，妳夠好，妳外表美麗內心善良，不戀愛的時候智商一百八，戀愛的時候情商一百八。

對方不要妳，不是妳的錯，肯定是時間、地點、心情或者天氣不好，和妳沒有一個銅板的關係。

繼續做妳自己吧，繼續做那些讓妳覺得開心舒服的事情。

有三件事情是永遠不會變的。
把妳手上的工作做到最好；愛妳的家人和愛妳的人；保持美麗和快樂。
能把這三件事情做好，親愛的，妳就夠好了。

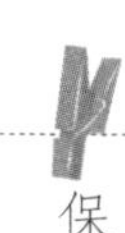

9 一秒鐘

保持微笑。因為妳永遠不知道，下一秒鐘誰會愛上妳的笑容。

工作不如意、感情失敗，每個人都受過挫折，有過沮喪的時候。

妳很努力，很認真，最後卻只能把自己關在房間，躺在床上，縮成了一團卻還想再縮成更小的一團，最好縮到消失為止。

為什麼我做了這麼多，結果卻是這樣？

我哪裡做得不夠好？

我沒有照顧他的感受？

我沒有盡力解決問題？

我沒有替對方著想、付出、給予？

如果妳問心無愧，那麼親愛的，請認真聽我說。

因為妳問心無愧，所以妳做的每一件事情都沒有白費，就算結束了，妳也沒有什麼好遺憾的。

不要為了離開妳的人傷心。

如果他不懂得欣賞、感謝、珍惜，那他在妳的生命裡並沒有任何意義。

有些時候，Let it go。

一秒鐘的不開心過去之後，下一秒，去做點更值得妳花時間的事情。

10 愛情的七條座右銘

座右銘不用多，認真做到，一條就夠了。

我們曾經少不更事，為了一個自己深愛的人奔走千里，深夜痛哭。

我們曾經少不更事，為了一個自己深愛的人奔走千里，深夜痛哭。

我們曾經被追求，被溺愛，殘忍地讓拿著玫瑰的人在家門口站立到天明。

我們曾經努力經營感情，最後不得不說聲抱歉謝謝再連絡，因為少了共鳴。

我們曾經遇到想要一起一生的人，最後卻說了再見，坐上了離開的航班。

從懵懂無知、迷信固執到明白，愛情這門課，我們要修多少學分才行？

妳並不用變成愛情博士，那會喪失太多樂趣。但，至少加減乘除，妳要可以自由運算。我有個朋友R，三十歲了還愛上一個出來尋歡作樂的已婚男人，我認為她的愛情程度大概只有國小三年級。

我有七條愛情座右銘，僅供大家參考。

一，可以一見順眼，不可以一見鍾情。

二，擇偶，個人品行排第一，兩人契合度排第二，外表身家地位，只能排倒數第一。

三，擁有相同的價值觀與人生追求。

四，兩個人必須要有能互補的地方。

五，彼此必須擁有百分之百的信任和依賴。

六，愛對方，不可以溺愛對方。

七，想清楚了再分手，分手了就別想了。

11 你問 我愛 你有 多深

我只能說：月亮代表我的心。

衡量愛有多深的標準，不是痛哭多久，憂慮多深，而是妳有多快樂，以及妳帶給了對方多少快樂。

年少無知，才會愚蠢到用他的痛苦和眼淚來衡量他對妳的愛。

「有一次我生病了，不肯吃藥，他居然氣哭了……他一定很愛我！」

「我們分手的時候，他哭了很久……他真的很愛我。」

有多少人曾經和我一樣，看到對方為自己傷心難過，才能感覺到對方的愛？

有多少人曾經振振有詞，傷害折磨對方，認為這樣才是愛？

「我愛你，所以我才會對你發脾氣！」

「我愛你，妳可以為我做這件事情嗎？」

「我愛你……所以我不能原諒你。」

親愛的，有一天——我希望是今天，妳才會真的知道什麼是愛。

我愛你，所以我會去做那些讓你高興快樂的事情。

我愛你，所以我會忘記你犯過的錯。
我愛你，所以我不會指責抱怨你。
我愛你，所以我給你一個溫柔的懷抱。
我愛你，所以吵架的時候，我會和你道歉。
我愛你，所以我給你自由，讓你做那些你想做的事情。
至於那些為妳生氣為妳哭泣的人，他的眼淚，不是愛，只是傷心而已。

12 我找到了好男人！

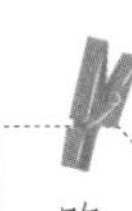

路邊攤，妳和他，世界上最偉大。

妳在找怎樣的理想對象？

年輕，英俊，多金——這三個詞彙放在一起，夠不夠好？

自從人類發明了名片，自我介紹越來越簡單，頭銜、學位、職稱，名片多麼璀璨。在妳歡天喜地宣告親友找到一個好男人之前，請定下心來往下看。

他仁慈還是刻薄？他是否真誠關心幫助別人，或者總是抱怨別人佔用了他的時間精力？他寬容的笑，還是髒話連篇的罵？

他樂觀還是消極？他是不是總覺得老闆不好、同事奇怪甚至父母欠他的？銀行態度不好，服務人員個個是不專業的懶鬼，張口就數落別人的錯，這個人自戀，那個人賣弄？

他真誠還是虛偽？對外人客套也就算了，如果對身邊的人都謊言連篇，說一套做一套，滿嘴大話，天花亂墜，好像恨不得把心掏出來——還好他沒掏，肯定是黑的。表面上專一持久安全穩定真誠信賴，實際上次次南轅北轍？

他專一還是善變？一年愛了好幾個，會背叛會劈腿，會同時對好幾個人說想念說愛戀，更會在一段關係中跑去對另外一個人獻媚討好，牆頭草，隨風倒，承諾彷彿嘴裡吐出來的泡泡，說翻臉就翻臉。

他讓妳笑得多還是哭得多？他給妳的疼惜真情多還是指責傷害多？

親愛的，他是不是一個好男人，不是看他的外在，而是看他的內在：人品、修養、道德。

如果他仁慈、樂觀、真誠、專一，懂得疼惜他人，再慘澹的日子，妳都會微笑，即使吃路邊攤也會是美好的回憶。

如果他薄情、消極、虛偽、善變、自私，即使馬桶是金的，早上的咖啡豆是三小時前從巴黎空運來的，妳也會日日心寒，如墮深淵——當然，除非妳愛金馬桶比愛他多。

親愛的，希望有一天，妳們可以牽著一個人，自豪的、驕傲的、毫不猶豫的對我說：「嘿，我找到一個好男人！」

國家圖書館出版品預行編目（CIP）資料

那些單身必須知道的事 / 郘敏著 . -- 第一版 . -- 臺北市：樂果文化出版：紅螞蟻圖書發行，2015.06
面；　公分 . --（樂繽紛；19）
ISBN 978-986-5983-96-3(平裝)

1. 女性 2. 兩性關係 3. 生活指導

544.5　　104007679

樂繽紛 19

那些單身必須知道的事

作　　者 ／ 郘敏
總 編 輯 ／ 何南輝
責任編輯 ／ 韓顯赫
行銷企劃 ／ 黃文秀
封面設計 ／ 鄭年亨
內頁設計 ／ 申朗創意

出　　版 ／ 樂果文化事業有限公司
讀者服務專線 ／（02）2795-3656
劃撥帳號 ／ 50118837 號　樂果文化事業有限公司
印 刷 廠 ／ 卡樂彩色製版印刷有限公司
總 經 銷 ／ 紅螞蟻圖書有限公司
地　　址 ／ 台北市內湖區舊宗路二段 121 巷 19 號（紅螞蟻資訊大樓）
電話：（02）2795-3656
傳真：（02）2795-4100

2015 年 6 月第一版　定價／ 250 元　ISBN 978-986-5983-96-3